Manual Formativo, 2018

1ª Edición

ISBN: 978-0-244-35299-8

ID de contenido: 22120068

© 2018 JAP & FRL (Licencia estándar de derechos de autor)

Impreso para *España*

Editado por F.R.L.

MANUAL PARA EL VIGILANTE DE SEGURIDAD

DENUNCIAR INFRACCIONES ADMINISTRATIVAS EN MATERIA DE:

SEGURIDAD CIUDADANA
TRÁFICO Y SEGURIDAD VIAL

José Alonso Pazo
Felipe Rubio López

(Castellón, 2018)

Colabora:

GRUPO
SANCORO
SEGURIDAD
D.G.P. 3106

Dedicado a todos aquellos vigilantes que han hecho de la Seguridad Privada su forma de vida

PRÓLOGO

ALTO, DETENTE¡¡¡¡, ni se te ocurra pasar de página sin antes leer esto, es necesario que leas esta introducción, para saber que tienes entre tus manos.

¿En qué consiste este manual?. Este manual nace de un café entre dos amigos conocedores del mundo de la Seguridad tanto Pública como Privada, en las que ambos coincidimos en la existencia de un vacío a la hora de formar a un profesional de la seguridad como eres TÚ.

Vas a un centro de formación autorizado, realizas un curso de al menos, ciento ochenta horas y seis semanas lectivas, en las que adquieres conocimientos y nociones sobre seguridad, realizas un examen y adquieres tu T.I.P., ¿y después qué?, ¿ya eres un profesional de la seguridad privada?, NO¡¡¡, aún te queda un largo camino que recorrer plagado de experiencias, vivencias, situaciones, de las que aprender, para poder adquirir la "consideración de profesional". ¿Cuánto dura este periodo? TODA TU VIDA LABORAL. Es tan amplio el ámbito de aplicación de la Seguridad Privada que, es imposible asimilar todos estos conceptos en 180 horas, por lo tanto no te queda mas remedio si realmente quieres ser un profesional de la Seguridad, que formarte, reciclarte, actualizarte, estudiar continuamente. ¿Puedes no hacer esto?. Claro, por supuesto, ya tienes tu T.I.P. A todos los efectos eres un Vigilante de Seguridad Privado, ya puedes plantarte de pie en una línea de cajas durante ocho horas. Pero créenos, si sientes vocación, gusto por las cosas bien hechas, tienes una buena lógica, sed de conocimientos, afán de superación serás un PROFESIONAL de la Seguridad Privada. Ahora hazte una pregunta, si quisieras que alguien protegiese tus intereses ¿a quién elegirías?, ¿a un Vigilante de Seguridad o a un PROFESIONAL de la Seguridad?.

Este manual pretende ser una pequeña ayuda, dentro del gran mar, que son las competencias cada vez mayores, que se les atribuye a los profesionales de la Seguridad Privada. Nace con la pretensión de poder ayudarte a lidiar desde el planteamiento inicial, el desarrollo y finalización, de algo tan habitual en su comisión, como desconocido en su erradicación, !evitar la comisión de infracciones administrativas¡. Sí, habéis leído bien !DENUNCIAR¡, y no lo decimos nosotros, lo dice la Ley 5/2014 de Seguridad Privada, en su articulo 32.1 apt. c)... *"Evitar la comisión de actos delictivos o infracciones administrativas en rela-*

ción con el objeto de su protección, <u>realizando las comprobacio-</u> *<u>nes necesarias para prevenirlos o impedir su consumación, de-</u>* *<u>biendo oponerse a los mismos e intervenir cuando presenciaren la</u>* *<u>comisión de algún tipo de infracción</u> o fuere precisa su ayuda por* *razones humanitarias o de urgencia"*

Para la cómoda asimilación de este manual, hemos elegido un vocabulario llano y comprensible, sin enredos que se generen en su lectura y no nos perdamos en un laberinto de legislación, reglamentos, jurisprudencia y articulado, que harían que este texto fuese infumable para cualquiera que no sea un erudito en leyes.

Consta de dos partes:

LA PRIMERA.- En la que se aborda el fundamento legal que nos ampara a la hora de proceder a denunciar una conducta punible, cómo se debe confeccionar una denuncia, cómo redactarla, a quien dirigirla, en resumen todos los pasos a seguir, con garantías, desde que observas la comisión de una infracción hasta que es sancionada por la autoridad competente.

LA SEGUNDA.- En esta parte vamos a tratar de un modo genérico y específico, los aspectos sociales, psicológicos y operativos, que derivan de tratar, nosotros, PROFESIONALES de la Seguridad Privada con la población que, encontramos por el mero hecho de estar en nuestra "demarcación", bajo el paraguas de la seguridad que debemos aportar. Desde como abordar e interactuar con una persona, conceptos de seguridad, uso gradual del empleo de la fuerza, que sucede en nuestro cuerpo cuando actuamos en una situación de estrés.

Una vez que hemos entendido de que se trata el libro que tienes en tu mano, ya estas en condiciones de pasar de página y continuar formándote. Ojalá, te guste tanto leerlo, como a nosotros escribirlo.

...Ah¡¡¡ una última aclaración, que no os quede ni la más mínima duda de lo que estáis a punto de leer, es; real, efectivo y sobretodo, se ajusta a derecho.

ÍNDICE

PARTE I
TÉCNICO ADMINISTRATIVA

PARTE I
TÉCNICO ADMINISTRATIVA

1. TIPOS DE DENUNCIAS SEGÚN LA LEY
1.1. CLASES

Definición de denuncia administrativa.

La denuncia es el acto por el que <u>cualquier persona decide poner en conocimiento de una autoridad</u>, un hecho o unos hechos que sean contrarios al ordenamiento jurídico, para que dicha autoridad inicie un procedimiento sancionador.

Es la acción de relatar unos hechos ante los agentes de la autoridad o funcionarios recepcionistas de denuncias, para su puesta en conocimiento de la autoridad competente. Es conveniente aportar todos los datos que se pueda de los autores y testigos.

Siempre que los vigilantes de seguridad se consideren <u>víctimas, testigos o perjudicados de un hecho u omisión ilícita</u>, ante la normativa que no tenga el carácter de delito, podrán denunciar por la vía administrativa.

Clases de denuncias que existen.

Para ello diferenciamos entre las:

<u>Denuncias penales</u>: Son aquellas denuncias en las que se comunica la perpetración de un delito de los que recoge el Código Penal.

<u>Denuncias administrativas</u>: Son aquellas denuncias en las que se comunica un hecho, omisión o conductas antisociales preceptuadas por las normas administrativas.

Formas de la denuncia.

a) <u>Por escrito</u>, mediante la presentación de un documento, el cual deberá estar <u>firmado por la persona que lo realiza</u>, y si no pudiera hacerlo, lo firmará <u>otra persona a su petición</u>. La autoridad o funcionario que la recibiere firmará y sellará todas las hojas en presencia de la persona que hiciese su entrega.

b) <u>Verbalmente</u>, ante un agente de la autoridad o funcionario que recoge la manifestación de los hechos denunciados transcribiéndolos, firmándola ambos a continuación. Si el denunciante no pudiera firmar, lo hará otra persona a su petición.

La presentación de una denuncia no confiere, por sí sola, la condición de interesado en el procedimiento (artículo 62.5 de la Ley 39/2015, de 1 de octubre, del Procedimiento Administrativo Común de las Administraciones Públicas, en adelante L.P.A.C.AA.PP. 39/2015), no siendo parte del procedimiento sancionador sino un mero colaborador en su inicio.

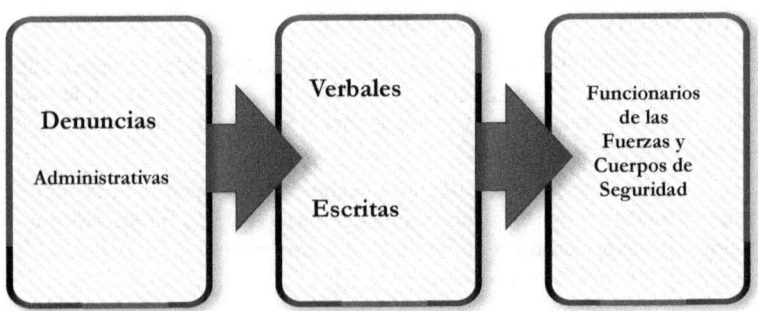

Documentación para formular la denuncia administrativa.

Las Fuerzas y Cuerpos de Seguridad que tomasen constancia de una denuncia verbal o escrita harán figurar a través del Documento Nacional de Identidad, o de cualquier otro Documento que acredite la identidad de la persona, como también puede ser la Tarjeta de Identificación Profesional del personal de Seguridad Privada, cuyo fin será la obtención de la filiación completa del denunciante.

Las denuncias deberán expresar la identidad de la persona o personas que las presentan y el relato de los hechos que se ponen en conocimiento de los cuerpos policiales. Cuando dichos hechos pudieran constituir una infracción administrativa, recogerán la fecha de su comisión y, cuando sea posible, la identificación de los presuntos responsables.

Para complementar lo expuesto en el párrafo anterior, en las denuncias que se formulen deberán contener (artículo 66 de la L.P.A.C.A-A.PP. 39/2015) :

a) Nombre y apellidos del denunciante y, en su caso, de la persona que lo represente.

b) Identificación del medio electrónico, o en su defecto, lugar físico en que desea que se practique la notificación.

c) Hechos, razones en que se basa para denunciar, con toda claridad, la solicitud.

d) Lugar y fecha.

e) Firma del solicitante o acreditación de la autenticidad de su voluntad expresada por cualquier medio.

f) Órgano, centro o unidad administrativa a la que se dirige y su correspondiente código de identificación.

Puede que tengamos que aportar alguna mejora o subsanación a la denuncia que presentemos a posteriori, para ello dispondremos de un **plazo de diez días** (es la autoridad la que se encarga de notificarnos la subsanación). Llegados al caso que no se aportase la documentación a complementar, la autoridad podría proceder a desistir de proseguir con el procedimiento sancionador (archivo).

La persona que formule una denuncia de carácter administrativo, tiene derecho a copia registrada o recibo que acredite la fecha y hora de presentación, por ello, cuando se presente en la Unidad Policial competente, es recomendable llevar la denuncia por duplicado. Una quedará en poder de la Administración y la otra quedará en el poder del vigilante de seguridad a efectos justificativos.

1.2. SUJETOS CON CAPACIDAD FUNCIONAL PARA DENUNCIAR EN MATERIA DE SEGURIDAD

Fuerzas y Cuerpos de Seguridad (ostentan el principio de veracidad).

a) Las Fuerzas y Cuerpos de Seguridad del Estado dependientes del Gobierno de la Nación.

b) Los Cuerpos de Policía dependientes de las Comunidades Autónomas.

c) Los Cuerpos de Policía dependientes de las Corporaciones Locales.

El principio de veracidad es el privilegio que las normas conceden a los funcionarios públicos, en el que con su única firma del relato de los hechos que son testigos les concede certeza sin más que demostrar.

Las fuerzas del orden público ostentan la condición de agentes de la autoridad, esto es, que son funcionarios públicos y a la vez colaboradores de las Autoridades (ver artículo 24 del Código Penal vigente).

Vigilantes de Seguridad en el ejercicio de sus funciones (principio probatorio).

A diferencia del principio de veracidad, el probatorio se caracteriza, en que los hechos que presencie un vigilante de seguridad se han de certificar con pruebas o vestigios, además de su declaración (denuncia), para que el valor probatorio adquiera más fuerza.

Las pruebas o vestigios a los que se hace referencia en estos casos son por norma general; declaración de testigos firmada, imágenes, vídeos, fotografías, etc.

Los vigilantes de seguridad han de saber, que los hechos relevantes para la decisión de un procedimiento podrán acreditarse por cualquier medio de prueba admisible en Derecho, cuya valoración se realizará de acuerdo con los criterios establecidos en la Ley 1/2000, de 7 de enero, de Enjuiciamiento Civil (artículo 77.1. de la L.P.A.C.AA.PP. 39/2015). A continuación, se relatan las formas de pruebas en esta profesión nos vamos a encontrar, por ser los más características (artículo 299 de la Ley 1/2000, de 7 de enero, de Enjuiciamiento Civil):

1.º Interrogatorio de las partes.

2.º Documentos públicos.

3.º Documentos privados.

4.º Dictamen de peritos.

5.º Reconocimiento judicial.

6.º Interrogatorio de testigos.

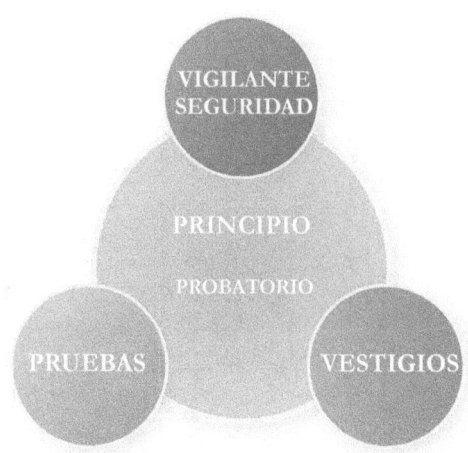

También se admitirán, los medios de reproducción de la palabra, el sonido y la imagen, así como los instrumentos que permiten archivar y conocer o reproducir palabras, datos, cifras y operaciones matemáticas llevadas a cabo con fines contables o de otra clase, relevantes para el proceso.

Cuando por cualquier otro medio no expresamente previsto en los apartados anteriores pudiera obtenerse certeza sobre hechos relevantes, el tribunal, a instancia de parte, lo admitirá como prueba, adoptando las medidas que en cada caso resulten necesarias.

Los vigilantes de seguridad podrán acompañar a sus denuncias los elementos que estimen convenientes para precisar, completar o probar los hechos (artículo 66.4 de la L.P.A.C.AA.PP. 39/2015).

Únicamente tendrán el carácter de agente de la autoridad cuando se encuentren en cooperación y bajo el mando de las Fuerzas y Cuerpos de Seguridad (ver artículo 31 de la Ley 5/2014, de 4 de abril, de Seguridad Privada). Es decir, se les otorga protección jurídica, entendiendo así, que es a efectos penales. No se puede interpretar de ninguna forma que ejerzan como agentes de la autoridad y tampoco dispondrán del principio de veracidad a la hora de realizar denuncias por infracciones administrativas.

1.3. ÓRGANOS A LOS QUE DIRIGIR LA DENUNCIA ADMINISTRATIVA

Cuando un vigilante de seguridad redacte una denuncia de tipo administrativo ha de tener presente, quién va a ser la autoridad sancionadora competente y su ámbito.

Cuando se trate de denuncias que afecten en el <u>ámbito de la seguridad ciudadana,</u> lo recomendable es registrarlas o presentarlas ante el Cuerpo Nacional de Policía, Puestos de la Guardia Civil o Cuerpos Policiales de las Comunidades Autónomas con la atribución de esta competencia. En la mayoría de los casos irán dirigidas al Subdelegado del Gobierno de la Provincia, Delegado del Gobierno de la Comunidad Autónoma, o al Órgano de la Comunidad Autónoma que tenga asumida las competencias en materia de seguridad ciudadana.

En las denuncias en <u>materia de tráfico y seguridad vial,</u> si la infracción se ha producido en demarcación municipal, procedería a presentarse al Cuerpo de Policía Local correspondiente. Si las infracciones se han producido fuera de los núcleos urbanos, ante el Puesto de la Guardia Civil más próximo donde se cometió el hecho. Si el hecho se cometió en casco urbano la denuncia se dirigirá normalmente al Alcalde o persona delegada. Para las conductas antirreglamentarias fuera del casco urbano serán competentes las Jefaturas Provinciales de Tráfico, o los organismos de las Comunidades Autónomas que tengan asumidas las competencias en materia de tráfico y seguridad vial.

Como nota final a este apartado, el vigilante que se encuentre en el ejercicio de sus funciones, ha de formalizar sus denuncias administrativas siempre a través de los cuerpos policiales, ya que éstos han de tener conocimiento de los hechos relevantes en materia de seguridad ciudadana.

De acuerdo con el artículo 64.2 de la L.P.A.C.AA.PP. 39/2015, el inicio del <u>procedimiento sancionador se comunicará al denunciante</u> cuando las normas reguladoras del procedimiento así lo prevean (puede ser potestativo ya que en las materias que estudiamos no lo especifican).

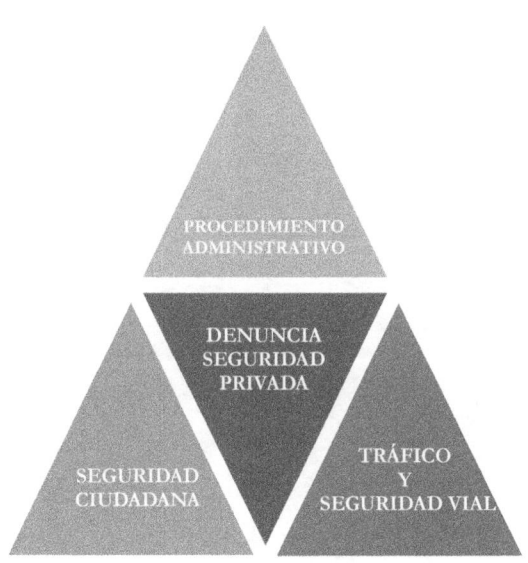

2. INTRODUCCIÓN A LA LEY DE SEGURIDAD CIUDADANA

En este apartado entramos al estudio de lo más coherente que la **Ley Orgánica 4/2015, de 30 de marzo, de Protección de la Seguridad Ciudadana (L.O.P.S.C. 4/2015)**, podría ofrecer al vigilante de seguridad en el ejercicio de sus funciones como garantía para sus misiones profesionales.

2.1. ESPECIAL DEBER DE COLABORACIÓN Y AUXILIO DEL PERSONAL DE SEGURIDAD PRIVADA CON LAS FUERZAS Y CUERPOS DE SEGURIDAD

Esta ley, expone que la especial obligación del personal de seguridad privada con las Fuerzas y Cuerpos de Seguridad, se desarrollará con sujeción al principio de legalidad, y se basará exclusivamente en la necesidad de asegurar el buen fin de las <u>actuaciones tendentes a preservar la seguridad pública</u>, garantizándose la debida reserva y confidencialidad cuando sea necesario. Por ello el vigilante de seguridad ha de ser consecuente y locuaz en la intervención o presencia de presuntas infracciones, para que se ajusten lo máximo a la realidad en su redacción.

También conforme a la **Ley 5/2014, de 4 de abril, de Seguridad Privada** (L.S.P. 5/2014), deberán comunicar, <u>tan pronto como sea posible</u>, cualesquiera circunstancias o informaciones relevantes para la <u>prevención, el mantenimiento o restablecimiento de la seguridad ciudadana</u>, así como todo hecho delictivo del que tuviesen conocimiento en el ejercicio de su actividad o funciones, poniendo a su disposición a los presuntos delincuentes, así como los <u>instrumentos, efectos y pruebas relacionadas con los mismos</u>. Aquí el vigilante de seguridad no sólo cumple con el mandato legal al denunciar, sino que informa a las fuerzas del orden de dichas conductas.

Aprovechando que hablamos de las comunicaciones con las las <u>Fuerzas y Cuerpos de Seguridad, la misma ley predica taxativamente que podrán facilitar al personal de seguridad privada, en el ejercicio de sus funciones, informaciones</u> que faciliten su evaluación de riesgos y consiguiente implementación de medidas de protección. Si estas informaciones contuvieran datos de carácter personal, sólo podrán facilitarse en caso de <u>peligro real para la seguridad pública o para evitar la comisión de infracciones penales</u>.

2.2. QUIÉNES ESTÁN FACULTADOS PARA DENUNCIAR

A) Las Fuerzas y Cuerpos de Seguridad (L.O.P.S.C. 4/2015).

B) Vigilantes de Seguridad con ocasión de servicio por ende legal (establecido en el artículo 4 de la Ley 5/2014, de 4 de abril, de Seguridad Privada), dispone que un fin de la Seguridad Privada (apartado b), es contribuir a <u>garantizar la seguridad pública, a prevenir infracciones</u> y a aportar información a los procedimientos relacionados con sus actuaciones e investigaciones.

También en el artículo 32 de la L.S.P. 5/2014, una de las funciones de los vigilantes de seguridad y su especialidad en el apartado d) encontramos que; *en relación con el <u>objeto de su protección o de su actuación</u>, detener y poner inmediatamente a disposición de las Fuerzas y Cuerpos de Seguridad competentes a los delincuentes y los <u>instrumentos, efectos y pruebas de los delitos</u>, así como <u>denunciar a quienes cometan infracciones administrativas</u>. No podrán proceder al interrogatorio de aquéllos, si bien no se considerará como tal la anotación de sus datos personales para su comunicación a las autoridades.*

IMPORTANTE: Los Vigilantes de Seguridad están **legitimados** a interponer denuncia por mandato legal en el ejercicio de sus funciones, de acuerdo con la L.S.P 5/2014 en concordancia con la L.O.P.S.C. 4/2015.

Estar legitimado, no es sino, la relación existente entre el vigilante de seguridad en acto de servicio y el interés legal que le permite actuar. Es decir, la vinculación jurídica existente cuando ejerce sus labores (durante el servicio) con una una empresa de seguridad, y el ejercicio de sus funciones dispuesto en la ley.

2.3. IDENTIFICACIÓN DE LOS INFRACTORES

Ante las identificaciones de infractores se ha de tener en cuenta que, EL MOTIVO DE LA IDENTIFICACIÓN, CUANDO NO MEDIE CAUSA POR DELITO SERÁ EL DE; <u>CONTROL, COMPROBACIÓN MOMENTÁNEA PARA LA VERIFICACIÓN DE LA IDENTIDAD, CON EL FIN DE DENUNCIAR UNA INFRACCIÓN ADMINISTRATIVA.</u>

En las denuncias deberá expresar la identidad de la persona o personas. Cuando dichos hechos pudieran constituir una infracción administrativa, recogerá la fecha de su comisión y, cuando sea posible, la identificación de los presuntos responsables (artículo 62.2 de la L.P.A.-C.AA.PP. 39/2015).

Dicho esto, para identificaciones se solicitará el D.N.I., o cualquier documento que acredite la identidad, filiación de testigos que conozcan al presunto infractor, domicilio del mismo, matrícula del vehículo sea conductor o no, imágenes y vídeos realizados en establecimientos públicos, etc. En conclusión, se ha de hacer todo lo posible por conseguir cualquier dato que permita la identificación de la persona, cuyo fin será facilitar a la autoridad sancionadora la su labor.

2.4. INFRACCIONES MÁS COMUNES EN EL ÁMBITO DE LAS FUNCIONES DEL VIGILANTE DE SEGURIDAD (L.O.P.S.C. 4/2015)

Entramos de lleno en los preceptos que se pueden denunciar en esta materia, para ello ha de asimilarse el hecho denunciado con la situación fáctica durante el servicio, por lo que en la redacción de la denuncia, deberemos proceder a ofrecer todo tipo de detalles e intentar igualar al máximo la situación en la que se ha tenido que intervenir o ser testigo con el precepto de la infracción. El objetivo es que la autoridad sancionadora encuentre la relación, y proceda a sancionar la conducta que hemos denunciado.

Antes de empezar a enumerar las infracciones, debemos tener en cuenta una serie de definiciones, que continuamente son mencionadas en esta ley.

a) Establecimiento Público: Es la entidad u organización dotada de bienes inmuebles, que desempeña actividad o presta servicio, para la generalidad de los ciudadanos o un territorio (público y privado). En el Real Decreto de 22 de agosto de 1885, por el que se publica el Código de Comercio en su artículo 85.1 y 85.2, se reputarán almacenes o tiendas abiertas al público:

1.º. Los que establezcan los **comerciantes inscritos.**

2.º. Los que establezcan los comerciantes **no inscritos**, siempre que los almacenes o tiendas permanezcan **abiertos al público por espacio de ocho días consecutivos**, o se hayan **anunciado** por medio de rótulos, muestras o títulos en el local mismo, o por avisos repartidos al público o insertos en los diarios de la localidad.

b) Lugares críticos: Son aquellas infraestructuras e instalaciones en las que se prestan servicios básicos para la comunidad, como son:

a) Centrales **nucleares, petroquímicas, refinerías** y depósitos de combustible.

b) **Puertos, aeropuertos** y demás infraestructuras de transporte.

c) Servicios de **suministro y distribución** de agua, gas y electricidad.

d) Infraestructuras de **telecomunicaciones**.

c) Drogas: Hemos creído oportuno, mostrar la diferencia entre las infracciónes administrativas relacionadas con drogas, y el delito de tráfico de drogas (artículo 368 y 369 del Código Penal), el Tribunal Supremo usa una tabla elaborada por el Instituto Nacional de Toxicología de fecha 18 de octubre de 2001, y de superarse esas cantidades podrá entenderse sin más que se está traficando. Asimismo se establece que un consumidor habitual suele adquirir para sí mismo la cantidad necesaria para 5 días, que son las siguientes:

Heroína	3 grs
Cocaína	7,5 grs
Marihuana	100 grs
Hachís	25 Grs
LSD	3 mgrs
Anfetamina	900 mgrs
MDMA	1.440 mgrs

Desde está postura entenderemos que, las cantidades inferiores a las descritas serán para autoconsumo, y entrarían como infracciones administrativas. Existe la excepción en el llamado "menudeo" que, para este caso sería el porte de cantidades inferiores dosificadas, así como la llevanza de objetos (bolsitas, báscula, navajas…), que por intuición puedan ser objeto del tráfico de drogas.

Infracciones

Recordemos que las denuncias que vayamos a proponer han de estar relacionadas con los inmuebles a los que se esté dando protección. Hemos señalado en negrita o subrayado las que hemos creído que más se acercan al ámbito de actuación del vigilante de seguridad para facilitar su utilización.

Infracciones **muy graves (artículo 35):**

1. Las **reuniones o manifestaciones** no comunicadas o prohibidas en infraestructuras o instalaciones en las que se prestan servicios básicos para la comunidad o en sus inmediaciones, así como la **intrusión en los recintos** de éstas, incluido su sobrevuelo, cuando, en cualquiera de estos supuestos, se haya generado un riesgo para la vida o la integridad física de las personas.

En el caso de las reuniones y manifestaciones serán responsables los organizadores o promotores.

2. La fabricación, reparación, almacenamiento, circulación, comercio, transporte, distribución, adquisición, certificación, enajenación o utilización de armas reglamentarias, explosivos catalogados, cartuchería o artículos pirotécnicos, incumpliendo la normativa de aplicación, careciendo de la documentación o autorización requeridas o excediendo los límites autorizados cuando tales conductas no sean constitutivas de delito así como la omisión, insuficiencia, o falta de eficacia de las medidas de seguridad o precauciones que resulten obligatorias, siempre que en tales actuaciones se causen perjuicios muy graves.

3. La celebración de espectáculos públicos o actividades recreativas quebrantando la prohibición o suspensión ordenada por la autoridad correspondiente por razones de seguridad pública.

4. La **proyección de haces de luz**, mediante cualquier tipo de dispositivo, sobre los **pilotos o conductores** de medios de transporte que puedan deslumbrarles o distraer su atención y provocar accidentes.

5. Las **acciones y omisiones que impidan u obstaculicen el funcionamiento de los servicios de emergencia,** provocando o incrementando un riesgo para la vida o integridad de las personas o de daños en los bienes, o agravando las consecuencias del suceso que motive la actuación de aquéllos.

6. La **desobediencia o la resistencia a la autoridad o a sus agentes en el ejercicio de sus funciones,** cuando no sean constitutivas de delito, así como la negativa a identificarse a **requerimiento de la autoridad**

o de sus agentes o la alegación de datos falsos o inexactos en los procesos de identificación.

7. La negativa a la disolución de reuniones y manifestaciones en lugares de tránsito público ordenada por la autoridad competente cuando concurran los supuestos del artículo 5 de la Ley Orgánica 9/1983, de 15 de julio.

8. La **perturbación del desarrollo de una reunión o manifestación lícita**, cuando no constituya infracción penal.

9. La **intrusión en infraestructuras o instalaciones en las que se prestan servicios básicos para la comunidad**, incluyendo su sobrevuelo, cuando se haya producido una interferencia grave en su funcionamiento.

10. **Portar, exhibir o usar armas prohibidas, así como portar, exhibir o usar armas de modo negligente, temerario o intimidatorio**, o fuera de los lugares habilitados para su uso, aún cuando en este último caso se tuviera licencia, siempre que dichas conductas no constituyan infracción penal.

11. La **solicitud o aceptación por el demandante de servicios sexuales retribuidos** en zonas de tránsito público en las proximidades de lugares destinados a su uso por menores, como centros educativos, parques infantiles o espacios de ocio accesibles a menores de edad, o cuando estas conductas, por el lugar en que se realicen, puedan generar un riesgo para la seguridad vial.

12. La fabricación, reparación, almacenamiento, circulación, comercio, transporte, distribución, adquisición, certificación, enajenación o utilización de armas reglamentarias, explosivos catalogados, cartuchería o artículos pirotécnicos, incumpliendo la normativa de aplicación, careciendo de la documentación o autorización requeridas o excediendo los límites autorizados cuando tales conductas no sean constitutivas de delito, así como la omisión, insuficiencia, o falta de eficacia de las medidas de seguridad o precauciones que resulten obligatorias.

13. La **negativa de acceso o la obstrucción deliberada de las inspecciones o controles reglamentarios**, establecidos conforme a lo dispuesto **en esta Ley, en fábricas, locales, establecimientos, embarcaciones y aeronaves**.

14. El **uso público e indebido de uniformes, insignias o condecoraciones oficiales, o réplicas de los mismos**, así como otros elementos del equipamiento de los cuerpos policiales o de los servicios de emergencia que puedan generar engaño acerca de la condición de quien los use, cuando no sea constitutivo de infracción penal.

15. La **falta de colaboración con las Fuerzas y Cuerpos de Seguridad** en la averiguación de delitos o en la prevención de acciones que puedan poner en **riesgo la seguridad ciudadana** en los supuestos previstos en el artículo 7.

16. El **consumo o la tenencia ilícitos de drogas tóxicas, estupefacientes o sustancias psicotrópicas, aunque no estuvieran destinadas al tráfico, en lugares, vías, establecimientos públicos o transportes colectivos, así como el abandono de los instrumentos u otros efectos empleados para ello en los citados lugares.**

17. El traslado de personas, con cualquier tipo de vehículo, con el objeto de facilitar a éstas el acceso a drogas tóxicas, estupefacientes o sustancias psicotrópicas, siempre que no constituya delito.

18. La ejecución de **actos de plantación y cultivo ilícitos de drogas tóxicas, estupefacientes o sustancias psicotrópicas en lugares visibles al público,** cuando no sean constitutivos de infracción penal.

19. La **tolerancia del consumo ilegal o el tráfico de drogas tóxicas, estupefacientes o sustancias psicotrópicas en locales o establecimientos públicos o la falta de diligencia en orden a impedirlos por parte de los propietarios, administradores o encargados de los mismos.**

20. La carencia de los registros previstos en esta Ley para las actividades con trascendencia para la seguridad ciudadana o la omisión de comunicaciones obligatorias.

21. La alegación de datos o circunstancias falsos para la obtención de las documentaciones previstas en esta Ley, siempre que no constituya infracción penal.

22. El incumplimiento de las restricciones a la navegación reglamentariamente impuestas a las embarcaciones de alta velocidad y aeronaves ligeras.

23. El **uso no autorizado de imágenes o datos personales o profesionales de autoridades o miembros de las Fuerzas y Cuerpos de Seguridad que pueda poner en peligro la seguridad personal o familiar de los agentes, de las instalaciones protegidas o en riesgo el éxito** de una operación, con respeto al derecho fundamental a la información.

Infracciones **graves (artículo 36):**

1. La **perturbación de la seguridad ciudadana** en actos públicos, espectáculos deportivos o culturales, solemnidades y oficios religiosos u

otras reuniones a las que asistan numerosas personas, cuando no sean constitutivas de infracción penal.

2. La **perturbación grave de la seguridad ciudadana** que se produzca con ocasión de reuniones o manifestaciones frente a las sedes del **Congreso** de los Diputados, el **Senado** y las **asambleas legislativas** de las comunidades autónomas, aunque no estuvieran reunidas, cuando no constituya infracción penal.

3. Causar **desórdenes en las vías, espacios o establecimientos públicos, u obstaculizar la vía pública** con mobiliario urbano, vehículos, contenedores, neumáticos u otros objetos, cuando en ambos casos se ocasione una alteración grave de la seguridad ciudadana.

4. Los **actos de obstrucción** que pretendan impedir a cualquier autoridad, empleado público o corporación oficial el ejercicio legítimo de sus funciones, el cumplimiento o la ejecución de acuerdos o resoluciones administrativas o judiciales, siempre que se produzcan al margen de los procedimientos legalmente establecidos y no sean constitutivos de delito.

5. Las **acciones y omisiones que impidan u obstaculicen** el funcionamiento de los **servicios de emergencia**, provocando o incrementando un riesgo para la vida o integridad de las personas o de daños en los bienes, o agravando las consecuencias del suceso que motive la actuación de aquéllos.

6. La desobediencia o la resistencia a la autoridad o a sus agentes en el ejercicio de sus funciones, cuando no sean constitutivas de delito, así como la negativa a identificarse a requerimiento de la autoridad o de sus agentes o la alegación de datos falsos o inexactos en los procesos de identificación.

7. La negativa a la disolución de reuniones y manifestaciones en lugares de tránsito público ordenada por la autoridad competente cuando concurran los supuestos del artículo 5 de la Ley Orgánica 9/1983, de 15 de julio.

8. La **perturbación** del desarrollo **de una reunión o manifestación lícita,** cuando no constituya infracción penal.

9. La **intrusión en infraestructuras o instalaciones en las que se prestan servicios básicos para la comunidad,** incluyendo su sobrevuelo, cuando se haya producido una interferencia grave en su funcionamiento.

10. **Portar, exhibir o usar armas prohibidas**, así como portar, exhibir o usar armas de modo **negligente**, temerario o intimidatorio, o fuera de los lugares habilitados para su uso, aún cuando en este último caso se tu-

viera licencia, siempre que dichas conductas no constituyan infracción penal.

11. La **solicitud o aceptación por el demandante de servicios sexuales** retribuidos en zonas de tránsito público en las proximidades de lugares destinados a su uso por menores, como centros educativos, parques infantiles o espacios de ocio accesibles a menores de edad, o cuando estas conductas, por el lugar en que se realicen, puedan generar un riesgo para la seguridad vial.

Los agentes de la autoridad requerirán a las personas que ofrezcan estos servicios para que se abstengan de hacerlo en dichos lugares, informándoles de que la inobservancia de dicho requerimiento podría constituir una infracción del párrafo 6 de este artículo.

12. La fabricación, reparación, almacenamiento, circulación, comercio, transporte, distribución, adquisición, certificación, enajenación o utilización de armas reglamentarias, explosivos catalogados, cartuchería o artículos pirotécnicos, incumpliendo la normativa de aplicación, careciendo de la documentación o autorización requeridas o excediendo los límites autorizados cuando tales conductas no sean constitutivas de delito, así como la omisión, insuficiencia, o falta de eficacia de las medidas de seguridad o precauciones que resulten obligatorias.

13. La negativa de acceso o la obstrucción deliberada de las inspecciones o controles reglamentarios, establecidos conforme a lo dispuesto en esta Ley, en fábricas, locales, establecimientos, embarcaciones y aeronaves.

14. El **uso público e indebido de uniformes**, insignias o condecoraciones oficiales, o réplicas de los mismos, así como otros elementos del equipamiento de los cuerpos policiales o de los servicios de emergencia que puedan generar engaño acerca de la condición de quien los use, cuando no sea constitutivo de infracción penal.

15. La **falta de colaboración con las Fuerzas y Cuerpos de Seguridad** en la averiguación de delitos o en la prevención de acciones que puedan poner en riesgo la seguridad ciudadana.

16. El **consumo o la tenencia ilícitos de drogas tóxicas, estupefacientes o sustancias psicotrópicas**, aunque no estuvieran destinadas al tráfico, en lugares, vías, establecimientos públicos o transportes colectivos, así como el **abandono de los instrumentos u otros efectos empleados** para ello en los citados lugares.

17. El **traslado de personas**, con cualquier tipo de vehículo, con el objeto de facilitar a éstas el **acceso a drogas** tóxicas, estupefacientes o sustancias psicotrópicas, siempre que no constituya delito.

18. La ejecución de actos de **plantación y cultivo ilícitos** de drogas tóxicas, estupefacientes o sustancias psicotrópicas en lugares visibles al público, cuando no sean constitutivos de infracción penal.

19. La **tolerancia del consumo ilegal o el tráfico de drogas** tóxicas, estupefacientes o sustancias psicotrópicas en locales o establecimientos públicos o la falta de diligencia en orden a impedirlos por parte de los propietarios, administradores o encargados de los mismos.

20. La carencia de los registros previstos en esta Ley para las actividades con trascendencia para la seguridad ciudadana o la omisión de comunicaciones obligatorias.

21. La alegación de datos o circunstancias falsos para la obtención de las documentaciones previstas en esta Ley, siempre que no constituya infracción penal.

22. El incumplimiento de las restricciones a la navegación reglamentariamente impuestas a las embarcaciones de alta velocidad y aeronaves ligeras.

23. El uso no autorizado de imágenes o datos personales o profesionales de autoridades o miembros de las Fuerzas y Cuerpos de Seguridad que pueda poner en peligro la seguridad personal o familiar de los agentes, de las instalaciones protegidas o en riesgo el éxito de una operación, con respeto al derecho fundamental a la información.

Infracciones **leves (artículo 37).**

1. La **celebración de reuniones en lugares de tránsito público o de manifestaciones,** incumpliendo lo preceptuado en los artículos 4.2, 8, 9, 10 y 11 de la Ley Orgánica 9/1983, de 15 de julio, cuya responsabilidad corresponderá a los organizadores o promotores.

2. La **exhibición de objetos peligrosos para la vida e integridad física de las personas con ánimo intimidatorio,** siempre que no constituya delito o infracción grave.

3. El incumplimiento de las **restricciones de circulación peatonal o itinerario** con ocasión de un acto público, reunión o manifestación, cuando **provoquen alteraciones menores** en el normal desarrollo de los mismos.

4. Las faltas de respeto y consideración cuyo destinatario sea un miembro de las Fuerzas y Cuerpos de Seguridad en el ejercicio de sus funciones de protección de la seguridad, cuando estas conductas no sean constitutivas de infracción penal.

5. La realización o incitación a la realización de actos que atenten contra la libertad e indemnidad sexual, o ejecutar actos de exhibición obscena, cuando no constituya infracción penal.

6. La proyección de haces de luz, mediante cualquier tipo de dispositivo, sobre miembros de las Fuerzas y Cuerpos de Seguridad para impedir o dificultar el ejercicio de sus funciones.

7. La ocupación de cualquier inmueble, vivienda o edificio ajenos, o la permanencia en ellos, en ambos casos contra la voluntad de su propietario, arrendatario o titular de otro derecho sobre el mismo, cuando no sean constitutivas de infracción penal.

Asimismo la ocupación de la vía pública con infracción de lo dispuesto por la Ley o contra la decisión adoptada en aplicación de aquella por la autoridad competente. Se entenderá incluida en este supuesto la ocupación de la vía pública para la venta ambulante no autorizada.

8. La omisión o la insuficiencia de medidas para garantizar la conservación de la documentación de armas y explosivos, así como la falta de denuncia de la pérdida o sustracción de la misma.

9. Las irregularidades en la cumplimentación de los registros previstos en esta Ley con trascendencia para la seguridad ciudadana, incluyendo la alegación de datos o circunstancias falsos o la omisión de comunicaciones obligatorias dentro de los plazos establecidos, siempre que no constituya infracción penal.

10. El incumplimiento de la obligación de obtener la documentación personal legalmente exigida, así como la omisión negligente de la denuncia de su sustracción o extravío.

11. La negligencia en la custodia y conservación de la documentación personal legalmente exigida, considerándose como tal la tercera y posteriores pérdidas o extravíos en el plazo de un año.

12. La negativa a entregar la documentación personal legalmente exigida cuando se hubiese acordado su retirada o retención.

13. Los **daños o el deslucimiento de bienes muebles o inmuebles de uso o servicio público, así como de bienes muebles o inmuebles privados en la vía pública**, cuando no constituyan infracción penal.

14. El **escalamiento de edificios o monumentos sin autorización** cuando exista un riesgo cierto de que se ocasionen daños a las personas o a los bienes.

15. La **remoción de vallas, encintados u otros elementos fijos o móviles colocados por las Fuerzas y Cuerpos de Seguridad** para delimitar perímetros de seguridad, aun con carácter preventivo, cuando no constituya infracción grave.

16. **Dejar sueltos o en condiciones de causar daños animales feroces o dañinos, así como abandonar animales domésticos en condiciones en que pueda peligrar su vida.**

17. **El consumo de bebidas alcohólicas en lugares, vías, establecimientos o transportes públicos cuando perturbe gravemente la tranquilidad ciudadana.**

2.5. AUTORIDADES SANCIONADORAS Y PRESCRIPCIÓN DE INFRACCIONES EN MATERIA DE SEGURIDAD CIUDADANA

Dependiendo de como se catalogue la infracción, una u otra autoridad será competente para su sanción. Veamos que:

El **Ministro de Interior** lo será para las infracciones muy graves en grado máximo.

El **Secretario de Estado de Seguridad** lo será para infracciones muy graves en grado medio y mínimo.

Los **Delegados del Gobierno** y **Subdelegados del Gobierno** lo serán para infracciones graves y leves.

Los **Órganos competentes de las Comunidades Autónomas** competentes en la materia.

Las infracciones se sancionarán:

Las **leves**, con multa de **100 a 600 Euros**.

Las **graves**, con multa de **601 a 30.000 Euros**.

Las **muy graves**, con multa de **30.001 a 600.000 Euros**.

Desde que se cometa la infracción, el vigilante de seguridad tiene un plazo para denunciar la conducta, si no se procede, se produce la caducidad. La prescripción de las infracciones serán para las:

Leves, a los **seis meses**.

Graves, al **año**.

Muy graves, a los **dos años**.

2.6. CONFECCIÓN DE UNA DENUNCIA

La confección de la denuncia es libre, pero ha de reunir los requisitos imprescindibles para que sea comprensible de acuerdo con las normas relativas al Procedimiento Administrativo. El orden dentro de la estructura puede variar a criterio del denunciante, siempre que tenga sentido.

ESTRUCTURA DE UNA DENUNCIA

ENCABEZADO

AUTORIDAD A LA QUE
SE DIRIGE

IDENTIFICACIÓN Y
FILIACIÓN DEL
DENUNCIANTE

CUERPO

EXPONE

HECHOS

FUNDAMENTOS

SOLICITA

ADJUNTA

PRUEBAS

PIE

FECHA
FIRMA

2.7. MODELO DE LA DENUNCIA Y EJEMPLOS

Modelo:

A LA SUBDELEGACIÓN DEL GOBIERNO DE_____
....

D/Dª............, con DNI núm. ...., TIP núm........ y domicilio a efectos de notificaciones en....., (C.P............), [*en nombre y representación de, en su caso*], correo electrónico ...., ante *(el órgano administrativo correspondiente)* comparezco, y como mejor proceda en derecho,

DIGO

Que por medio del presente escrito vengo a formular DENUNCIA contra.... por...........(*señalamos la infracción que denunciamos;* ....) que se detallan en el presente escrito y sus anexos, en su caso.

La presente **DENUNCIA** se basa en los siguientes:

HECHOS

PRIMERO...

SEGUNDO...

A los presentes hechos le son de aplicación los siguientes:

FUNDAMENTOS DE DERECHO

I. Se establece como especial deber de colaborar y auxiliar en todo momento a las Fuerzas y Cuerpos de Seguridad, según expone el artículo 4.2 de la Ley Orgánica 2/1986, de 13 marzo, de Fuerzas y Cuerpos de Seguridad, así como el interés legítimo en denunciar todas las infracciones administrativas en el ejercicio de las funciones establecido en artículo 32.d) de la Ley 5/2014, de 4 de abril, de Seguridad Privada.

II. En el artículo 14.2 de la Ley 5/2014, de 4 de abril, de Seguridad Privada, se expone que el personal de seguridad privada deberá comunicar a las Fuerzas y Cuerpos de Seguridad competentes, tan pronto como sea posible, cualesquiera circunstancias o informaciones relevantes para la prevención, el mantenimiento o restablecimiento de la seguridad ciudadana. Todo ello, en concordancia con la facultad que la Ley Orgánica 4/2015, de 30 de marzo, de Protección de la Seguridad Ciudadana, atribuye a los miembros de las Fuerzas y Cuerpos de Seguridad.

En virtud de lo expuesto,

SOLICITO que teniendo por presentado este escrito, se sirva admitirlo, y en su virtud tenga por interpuesta DENUNCIA contra..... por .... , y previos trámites legales oportunos, lleve a cabo las actuaciones necesarias para proceder a iniciar el procedimiento sancionador contra los responsables de la infracción, y en virtud de lo establecido en la ley.

En…, a... de..........de 201...

Fdo:...................   Testigo:..............

EJEMPLO 1. CAUSAR DESORDENES EN ESTABLECIMIENTOS PÚBLICOS

A LA SUBDELEGACIÓN DEL GOBIERNO DE CASTELLÓN

El vigilante de seguridad D/Dª *Víctor Martínez López*, con DNI núm. *75.105.001-X*, TIP núm. *75.857* y domicilio a efectos de notificaciones en *SEGURMAR S.L., Calle Segarra, 3, Castellón C.P. 12.003*, correo electrónico *conferenciavigilantes@gmail.com*, ante **LA COMISARÍA PROVINCIAL DE CASTELLÓN** comparezco, y como mejor proceda en derecho,

DIGO

Que por medio del presente escrito vengo a formular DENUNCIA contra FRANCISCO EXPÓSITO DUARTE, por la Ley 4/2015, de 30 de marzo, al artículo 36.3 causar desórdenes en las vías, espacios o establecimientos públicos, u obstaculizar la vía pública con mobiliario urbano, vehículos, contenedores, neumáticos u otros objetos, cuando en ambos casos se ocasione una alteración grave de la seguridad ciudadana. Hechos que se detallan en el presente escrito y anexos, en su caso.

La presente DENUNCIA se basa en los siguientes:

HECHOS

PRIMERO *Prestando servicio de seguridad privada en el Centro Comercial Tres Aguas en la Calle Ronda Sur S/N de Castellón, fecha 30-12-2017, con horario de 06:00 a 14:00 horas, me encuentro en la zona de línea de cajas del hipermercado Alcampo S.A.*

SEGUNDO *Que a las 10:30 horas me percato de gran alboroto en la zona de atención al cliente, por un señor que al parecer no puede ejecutar una devolución de un producto. Que ni por activa, ni por pasiva, se calma y empieza a insultarme (cabrón, hijo puta...), llamando la atención de los clientes y produciendo gran expectativa. Tras invitarle a salir amablemente del Centro, se niega y continúa con su postura.*

10:35 Se avisa al 091 de dicho altercado, acudiendo una patrulla policial al sitio, que identifica inmediatamente al cliente, en presencia de las Fuerzas y Cuerpos de Seguridad se marcha del Centro voluntariamente.

A los presentes hechos le son de aplicación los siguientes:

FUNDAMENTOS DE DERECHO

I. Se establece como especial deber de colaborar y auxiliar en todo momento a las Fuerzas y Cuerpos de Seguridad, según expone el artículo 4.2 de la Ley Orgánica 2/1986, de 13 marzo, de Fuerzas y Cuerpos de Seguridad, así como el interés legítimo en denunciar todas las infracciones administrativas en el ejercicio de las funciones establecido en artículo 32.d) de la Ley 5/2014, de 4 de abril, de Seguridad Privada.

II. En el artículo 14.2 de la Ley 5/2014, de 4 de abril, de Seguridad Privada, se expone que el personal de seguridad privada deberá comunicar a las Fuerzas y Cuerpos de Seguridad competentes, tan pronto como sea posible, cualesquiera circunstancias o informaciones relevantes para la prevención, el mantenimiento o restablecimiento de la seguridad ciudadana. Todo ello, en concordancia con la facultad que la Ley Orgánica 4/2015, de 30 de marzo, de Protección de la Seguridad Ciudadana, atribuye a los miembros de las Fuerzas y Cuerpos de Seguridad.

En virtud de lo expuesto,

SOLICITO que teniendo por presentado este escrito, se sirva admitirlo, y en su virtud tenga por interpuesta DENUNCIA contra FRANCISCO EXPÓSITO DUARTE, con D.N.I. 26.589.365-S, con domicilio en la Calle Embajador 6, de Castellón, por una posible infracción al al artículo 36.3 de la Ley 4/2015, de 30 de marzo, y previos trámites legales oportunos, lleve a cabo las actuaciones necesarias para proceder a iniciar el procedimiento sancionador contra los responsables de la infracción, y en virtud de lo establecido en la ley.

En Castellón, a 01 de Enero de 2018.

Fdo: V.S. T.I.P.: 75.857   Testigo: Rodrigo Sánchez Can

(D.N.I. 44.899.554-E)

V.S. T.I.P.: 074.577

EJEMPLO 2. PORTAR OBJETOS PELIGROSOS

A LA SUBDELEGACIÓN DEL GOBIERNO DE MADRID

El vigilante de seguridad D/Dª *Víctor Martínez López*, con DNI núm. *75.105.001-X*, TIP núm. *75.857* y domicilio a efectos de notificaciones en *SEGURMAR S.L., Calle Segarra, 3, Castellón C.P. 12.003*, correo electrónico *conferenciavigilantes@gmail.com*, ante **LA COMISARÍA PROVINCIAL DE MADRID** comparezco, y como mejor proceda en derecho,

DIGO

Que por medio del presente escrito vengo a formular DENUNCIA contra José Vargas Heredia, conforme con la Ley 4/2015, de 30 de marzo al artículo 37.2 la exhibición de objetos peligrosos para la vida e integridad física de las personas con ánimo intimidatorio, siempre que no constituya delito o infracción grave. Hechos que se detallan en el presente escrito y anexos, en su caso.

La presente DENUNCIA se basa en los siguientes:

HECHOS

PRIMERO *Prestando servicio de seguridad privada en el establecimiento público Sports S.L., en la Calle Ronda Sur S/N de Madrid, fecha 30-12-2017, con horario de 06:00 a 14:00 horas, me encuentro en la zona del aparcamiento exterior.*

SEGUNDO *Que a las 12:30 horas me percato de la presencia de unos jóvenes apoyados en un vehículo. Uno de ellos porta y exhibe una navaja de pequeñas dimensiones, que muestra a los viandantes.*

Tras solicitar el apoyo de un segundo vigilante, se identifica al portador del arma blanca, y acto seguido se le requisa para su puesta a disposición del Cuerpo Nacional de Policía.

A las 12:45 se da aviso a C.N.P., que a los pocos minutos acuden al lugar de los hechos. Se aporta la identificación de los sujetos y se hace entrega de la navaja al agente con TIP D-85695-S.

A los presentes hechos le son de aplicación los siguientes:

FUNDAMENTOS DE DERECHO

I. Se establece como especial deber de colaborar y auxiliar en todo momento a las Fuerzas y Cuerpos de Seguridad, según expone el artículo 4.2 de la Ley Orgánica 2/1986, de 13 marzo, de Fuerzas y Cuerpos de Seguridad, así como el interés legítimo en denunciar todas las infracciones administrativas en el ejercicio de las funciones establecido en artículo 32.d) de la Ley 5/2014, de 4 de abril, de Seguridad Privada.

II. En el artículo 14.2 de la Ley 5/2014, de 4 de abril, de Seguridad Privada, se expone que el personal de seguridad privada deberá comunicar a las Fuerzas y Cuerpos de Seguridad competentes, tan pronto como sea posible, cualesquiera circunstancias o informaciones relevantes para la prevención, el mantenimiento o restablecimiento de la seguridad ciudadana. Todo ello, en concordancia con la facultad que la Ley Orgánica 4/2015, de 30 de marzo, de Protección de la Seguridad Ciudadana, atribuye a los miembros de las Fuerzas y Cuerpos de Seguridad.

En virtud de lo expuesto,

SOLICITO que teniendo por presentado este escrito, se sirva admitirlo, y en su virtud tenga por interpuesta DENUNCIA contra José Vargas Heredia, con D.N.I. 44.569.784-T, nacido el 22-06-1986, con domicilio en la calle Barranco 4 de Almazora (Castellón), por una posible infracción al al artículo 37.2 de la Ley 4/2015, de 30 de marzo, y previos trámites legales oportunos, lleve a cabo las actuaciones necesarias para proceder a iniciar el procedimiento sancionador contra los responsables de la infracción, y en virtud de lo establecido en la ley.

En Madrid, a 02 de Enero de 2018.

Fdo: V.S. T.I.P.: 75.857   Testigo: Rodrigo Sánchez Can
            (D.N.I. 44.899.554-E)
            V.S. T.I.P.: 074.577

EJEMPLO 3. ABANDONO DE ANIMALES DOMÉSTICOS

AL ALCADE/SA DE MADRID

El vigilante de seguridad D/Dª *Víctor Martínez López*, con DNI núm. *75.105.001-X*, TIP núm. *75.857* y domicilio a efectos de notificaciones en *SEGURMAR S.L., Calle Segarra, 3, Castellón C.P. 12.003*, correo electrónico *conferenciavigilantes@gmail.com*, ante **LA COMISARÍA DE POLICÍA LOCAL DE MADRID** comparezco, y como mejor proceda en derecho,

DIGO

Que por medio del presente escrito vengo a formular DENUNCIA contra los ocupantes del vehículo Nissan Almera con matrícula 2255-BST, conforme con la Ley 4/2015, de 30 de marzo, al artículo 37.16 dejar sueltos o en condiciones de causar daños animales feroces o dañinos, así como abandonar animales domésticos en condiciones en que pueda peligrar su vida. Hechos que se detallan en el presente escrito y anexos, en su caso.

La presente DENUNCIA se basa en los siguientes:

HECHOS

PRIMERO *Prestando servicio de seguridad privada en el establecimiento público Sports S.L., en la Calle Ronda Sur S/N de Madrid, con fecha 30/12/2017, con horario de 22:00 a 06:00 horas, me encuentro en la CCTV.*

SEGUNDO *Que a las 03:30 horas me percato por cámaras, que en el aparcamiento de este centro, para un vehículo Nissan Almera con matrícula 2255-BST. Un ocupante abre una de las puertas traseras del vehículo dando suelta a un perro de pequeñas dimensiones. Acto seguido el vehículo se marcha, quedándose desamparado el animal.*

Tras solicitar el apoyo de un segundo vigilante, este recoge al perro.

A las 03:45 se da aviso al 092, acudiendo Policía Local y haciéndose cargo del perro.

Se pone en conocimiento a la policía la grabación de la cámara 23, a la hora descrita, para oportunas gestiones.

A los presentes hechos le son de aplicación los siguientes:

FUNDAMENTOS DE DERECHO

I. Se establece como especial deber de colaborar y auxiliar en todo momento a las Fuerzas y Cuerpos de Seguridad, según expone el artículo 4.2 de la Ley Orgánica 2/1986, de 13 marzo, de Fuerzas y Cuerpos de Seguridad, así como el interés legítimo en denunciar todas las infracciones administrativas en el ejercicio de las funciones establecido en artículo 32.d) de la Ley 5/2014, de 4 de abril, de Seguridad Privada.

II. En el artículo 14.2 de la Ley 5/2014, de 4 de abril, de Seguridad Privada, se expone que el personal de seguridad privada deberá comunicar a las Fuerzas y Cuerpos de Seguridad competentes, tan pronto como sea posible, cualesquiera circunstancias o informaciones relevantes para la prevención, el mantenimiento o restablecimiento de la seguridad ciudadana. Todo ello, en concordancia con la facultad que la Ley Orgánica 4/2015, de 30 de marzo, de Protección de la Seguridad Ciudadana, atribuye a los miembros de las Fuerzas y Cuerpos de Seguridad.

En virtud de lo expuesto,

SOLICITO que teniendo por presentado este escrito, se sirva admitirlo, y en su virtud tenga por interpuesta DENUNCIA contra los ocupantes del vehículo Nissan Almera con matrícula 2255-BST, por una posible infracción al al artículo 37.16 de la Ley 4/2015, de 30 de marzo, y previos trámites legales oportunos, lleve a cabo las actuaciones necesarias para proceder a iniciar el procedimiento sancionador contra los responsables de la infracción, y en virtud de lo establecido en la ley.

En Madrid, a 01 de Enero de 2018.

Fdo: V.S. T.I.P.: 75.857

Testigo: Rodrigo Sánchez Can
(D.N.I. 44.899.554-E)
V.S. T.I.P.: 074.577

EJEMPLO 4. CONSUMO DE ALCOHOL EN VÍA PÚBLICA

A LA SUBDELEGACIÓN DEL GOBIERNO DE CASTELLÓN

El vigilante de seguridad D/Dª *Víctor Martínez López*, con DNI núm. *75.105.001-X*, TIP núm. *75.857* y domicilio a efectos de notificaciones en *SEGURMAR S.L., Calle Segarra, 3, Castellón C.P. 12.003*, correo electrónico *conferenciavigilantes@gmail.com*, ante **LA COMISARÍA PROVINCIAL DE CASTELLÓN** comparezco, y como mejor proceda en derecho,

DIGO

Que por medio del presente escrito vengo a formular contra los ocupantes del vehículo Renault Clio matrícula 6659-CDF, por la Ley 4/2015, de 30 de marzo al artículo 37.17 el consumo de bebidas alcohólicas en lugares, vías, establecimientos o transportes públicos cuando perturbe gravemente la tranquilidad ciudadana. Hechos que se detallan en el presente escrito y anexos, en su caso.

La presente DENUNCIA se basa en los siguientes:

HECHOS

PRIMERO *Prestando servicio de seguridad privada en el control de accesos del establecimiento público Pub Ñacos, en Calle Ronda Sur S/N de Castellón, fecha 30-12-2017, y horario de 22:00 a 08:00 horas.*

SEGUNDO *Que a las 07:30 horas, varios jóvenes que salieron del establecimiento en supuesto estado de embriaguez, volvieron a la puerta del Pub lanzando unas botellas de bebidas alcohólicas a la entrada del Pub.*

Se recogen varias de las botellas sin fracturar, con la supuesta bebida, además, el vehículo identificado correspondía a un Renault Clio matrícula 6659-CDF.

A los presentes hechos le son de aplicación los siguientes:

FUNDAMENTOS DE DERECHO

I. Se establece como especial deber de colaborar y auxiliar en todo momento a las Fuerzas y Cuerpos de Seguridad, según expone el artículo 4.2 de la Ley Orgánica 2/1986, de 13 marzo, de Fuerzas y Cuerpos de Seguridad, así como el interés legítimo en denunciar todas las infracciones administrativas en el ejercicio de las funciones establecido en artículo 32.d) de la Ley 5/2014, de 4 de abril, de Seguridad Privada.

II. En el artículo 14.2 de la Ley 5/2014, de 4 de abril, de Seguridad Privada, se expone que el personal de seguridad privada deberá comunicar a las Fuerzas y Cuerpos de Seguridad competentes, tan pronto como sea posible, cualesquiera circunstancias o informaciones relevantes para la prevención, el mantenimiento o restablecimiento de la seguridad ciudadana. Todo ello, en concordancia con la facultad que la Ley Orgánica 4/2015, de 30 de marzo, de Protección de la Seguridad Ciudadana, atribuye a los miembros de las Fuerzas y Cuerpos de Seguridad.

En virtud de lo expuesto,

SOLICITO que teniendo por presentado este escrito, se sirva admitirlo, y en su virtud tenga por interpuesta DENUNCIA contra los ocupantes del vehículo Renault Clio matrícula 6659-CDF, por una posible infracción al al artículo 37.17 de la Ley 4/2015, de 30 de marzo, y previos trámites legales oportunos, lleve a cabo las actuaciones necesarias para proceder a iniciar el procedimiento sancionador contra los responsables de la infracción, y en virtud de lo establecido en la ley.

En Castellón, a 01 de Enero de 2018.

Fdo: V.S. T.I.P.: 75.857   Testigo: (Nombre, DNI, domicilio)

3. TRÁFICO Y SEGURIDAD VIAL

Llegados a este punto, veremos los aspectos más importantes para el vigilante de seguridad en relación con el Real Decreto Legislativo 6/2015, de 30 de octubre, por el que se aprueba el texto refundido de la Ley sobre Tráfico, Circulación de Vehículos a Motor y Seguridad Vial (L.S.V.).

3.1. ÁMBITO DE APLICACIÓN Y SU RELACIÓN CON LA FUNCIÓN DEL VIGILANTE DE SEGURIDAD (PARTICULARES)

Ámbito de aplicación.

En servicios donde el vigilante de seguridad tiene responsabilidades de control y vigilancia del tráfico y seguridad vial, para denunciar administrativamente, ha de tener en cuenta una premisa muy importante. En los espacios de tránsito, que sean de uso público y pertenezcan a un particular se puede denunciar administrativamente en ellos, esto será en vías privadas en las que circulen vehículos sin control de acceso, utilizadas por una colectividad indeterminada de usuarios.

Un matiz importante es que, cuando nuestra denuncia sea por vehículos en tráfico rodado, se han de indicar datos precisos del lugar de los hechos (independientemente de los requisitos mínimos que exige cualquier tipo denuncia):

El nombre de la vía, punto kilométrico o calle.

El sentido de la circulación donde se producen los hechos.

Incoación del expediente.

El vigilante de seguridad dará conocimiento a la autoridad competente mediante denuncia administrativa, de los hechos que crea sean merecedores de infracción. El proceso es idéntico al de seguridad ciudadana, sólo que el escrito tendrá que dirigirse a distinta autoridad, por ser otra materia sancionable en diferente norma. También le daremos curso a través del cuerpo policial competente.

APLICACIÓN
EN VÍAS DE LA
L.S.V.

USO PÚBLICO

TITULARIDAD
PÚBLICA Y PRIVADA

TRANSITEN COLECTIVIDAD
INDETERMINADA DE
USUARIOS

3.2. INFRACCIONES DE TRÁFICO Y SEGURIDAD VIAL EN EL ÁMBITO DEL VIGILANTE DE SEGURIDAD

Las infracciones de tráfico vienen a ser más sencillas de detectar, por que las conductas antirreglamentarias están más especificadas en la norma. Veamos las más comunes que podríamos encontrarnos cuando, se preste servicio en relación a los establecimientos que se vigilan o custodian (señalamos las más afines).

Infracciones **leves (artículo 75):**

a) **Circular en una bicicleta sin hacer uso del alumbrado** reglamentario.

b) **No** hacer uso de los **elementos y prendas reflectantes** por parte de los usuarios de **bicicletas.**

Infracciones **graves (artículo 76):**

a) No respetar los límites de velocidad reglamentariamente establecidos o circular en un tramo a una velocidad media superior a la reglamentariamente establecida.

b) Realizar **obras en la vía sin comunicarlas** con anterioridad a su inicio a la autoridad responsable de la regulación, ordenación y gestión del tráfico, así como no seguir las instrucciones de dicha autoridad referentes a las obras

c) Incumplir las disposiciones de esta ley en materia de preferencia de paso, adelantamientos, cambios de dirección o sentido y marcha atrás, sentido de la circulación, utilización de carriles y arcenes y, en general, toda vulneración de las ordenaciones especiales de tráfico por razones de seguridad o fluidez de la circulación.

d) **Parar o estacionar** en el carril bus, en curvas, cambios de rasante, zonas de estacionamiento para uso exclusivo de personas con discapacidad, túneles, pasos inferiores, intersecciones o en cualquier otro lugar peligroso o en el que se obstaculice gravemente la circulación o constituya un riesgo, especialmente para los peatones.

e) Circular **sin hacer uso del alumbrado reglamentario**.

f) Conducir **utilizando cualquier tipo de casco de audio** o auricular conectado a aparatos receptores o reproductores de sonido u otros dispositivos que disminuyan la atención permanente a la conducción.

g) Conducir utilizando manualmente dispositivos de **telefonía móvil**, navegadores o cualquier otro medio o sistema de comunicación, así como utilizar mecanismos de detección de radares o cinemómetros.

h) No hacer uso del **cinturón de seguridad**, sistemas de retención infantil, casco y demás elementos de protección.

i) Circular con menores de doce años como pasajeros de ciclomotores o motocicletas, o con menores en los asientos delanteros o traseros, cuando no esté permitido.

j) **No respetar las señales** y órdenes de los agentes de la autoridad encargados de la vigilancia del tráfico.

k) No respetar la **luz roja de un semáforo**.

l) No respetar la señal de **stop o la señal de ceda el paso**.

ll) Conducir un vehículo siendo titular de una autorización que carece de validez por no haber cumplido los requisitos administrativos exigidos reglamentariamente en España.

m) **Conducción negligente**.

n) **Arrojar** a la vía o en sus inmediaciones **objetos que puedan producir incendios o accidentes**, o que obstaculicen la libre circulación.

ñ) No mantener la **distancia de seguridad** con el vehículo precedente.

o) Circular con un vehículo que incumpla las condiciones técnicas reglamentariamente establecidas, salvo que sea calificada como muy grave, así como las infracciones relativas a las normas que regulan la inspección técnica de vehículos.

p) Incumplir la obligación de todo conductor de verificar que las placas de matrícula del vehículo no presentan obstáculos que impidan o dificulten su lectura e identificación.

q) No facilitar al agente de la autoridad encargado de la vigilancia del tráfico en el ejercicio de las funciones que tenga encomendadas su identidad, ni los datos del vehículo solicitados por los afectados en un accidente de circulación, estando implicado en el mismo.

r) Conducir vehículos con la carga mal acondicionada o con peligro de caída.

s) Conducir un vehículo teniendo prohibido su uso.

t) Circular con un vehículo cuyo permiso de circulación está suspendido.

u) La ocupación excesiva del vehículo que suponga aumentar en un 50 por ciento el número de plazas autorizadas, excluida la del conductor.

v) Incumplir la obligación de impedir que el vehículo sea conducido por quien nunca haya obtenido el permiso o la licencia de conducción correspondiente.

w) Incumplir las normas sobre el régimen de autorización y funcionamiento de los centros de enseñanza y formación y de los centros de reconocimiento de conductores acreditados por el Ministerio del Interior o por los órganos competentes de las comunidades autónomas, salvo que puedan calificarse como infracciones muy graves.

x) Circular por autopistas o autovías con vehículos que lo tienen prohibido.

y) No instalar los dispositivos de alerta al conductor en los garajes o aparcamientos en los términos legal y reglamentariamente previstos.

z) Circular en posición paralela con vehículos que lo tienen prohibido.

Infracciones **muy graves (artículo 77):**

a) No respetar los límites de velocidad reglamentariamente establecidos o circular en un tramo a una velocidad media superior a la reglamentariamente establecida.

b) Circular con un **vehículo cuya carga ha caído a la vía,** por su mal acondicionamiento, creando grave peligro para el resto de los usuarios.

c) Conducir con tasas de alcohol superiores a las que reglamentariamente se establezcan, o con presencia en el organismo de drogas.

d) Incumplir la obligación de todos los conductores de vehículos, y de los demás usuarios de la vía cuando se hallen implicados en algún accidente de tráfico o hayan cometido una infracción, de someterse a las pruebas que se establezcan para la detección de alcohol o de la presencia de drogas en el organismo.

e) **Conducción temeraria.**

f) Circular en **sentido contrario** al establecido.

g) Participar en competiciones y carreras de vehículos no autorizadas.

h) Conducir vehículos que tengan instalados inhibidores de radares o cinemómetros o cualesquiera otros mecanismos encaminados a interferir en el correcto funcionamiento de los sistemas de vigilancia del tráfico.

i) Aumentar en más del 50 por ciento los tiempos de conducción o minorar en más del 50 por ciento los tiempos de descanso establecidos en la legislación sobre transporte terrestre.

j) Incumplir el titular o el arrendatario del vehículo con el que se haya cometido la infracción la obligación de identificar verazmente al conductor responsable de dicha infracción, cuando sean debidamente requeridos para ello en el plazo establecido. En el supuesto de las empresas de alquiler de vehículos sin conductor la obligación de identificar.

k) Conducir un vehículo careciendo del permiso o licencia de conducción correspondiente.

l) Circular con un vehículo que carezca de la autorización administrativa correspondiente, con una autorización que no sea válida por no cumplir los requisitos exigidos reglamentariamente, o incumpliendo las condiciones de la autorización administrativa que habilita su circulación.

ll) Circular con un vehículo que incumpla las condiciones técnicas que afecten gravemente a la seguridad vial.

m) Participar o colaborar en la colocación o puesta en funcionamiento de elementos que alteren el normal funcionamiento del uso del tacógrafo o del limitador de velocidad.

n) Realizar en la vía obras sin la autorización correspondiente, así como la **retirada, ocultación, alteración o deterioro de la señalización permanente u ocasional.**

ñ) **No instalar la señalización de obras** o hacerlo incumpliendo la normativa vigente, poniendo en grave riesgo la seguridad vial.

o) Incumplir las normas que regulan las actividades industriales que afectan de manera directa a la seguridad vial.

p) Instalar inhibidores de radares o cinemómetros en los vehículos o cualesquiera otros mecanismos encaminados a interferir en el correcto funcionamiento de los sistemas de vigilancia del tráfico.

q) Incumplir las normas sobre el régimen de autorización y funcionamiento de los centros de enseñanza y formación y de acreditación de los centros de reconocimiento de conductores autorizados o acreditados por el Ministerio del Interior o por los órganos competentes de las comunidades autónomas, que afecten a la cualificación de los profesores o facultativos, al estado de los vehículos utilizados en la enseñanza, a elementos esenciales que incidan directamente en la seguridad vial, o que supongan un impedimento a las labores de control o inspección.

r) **Causar daños a la infraestructura de la vía**, o alteraciones a la circulación **debidos a la masa o a las dimensiones del vehículo**, cuando se carezca de la correspondiente autorización administrativa o se hayan incumplido las condiciones de la misma, con independencia de la obligación de la reparación del daño causado.

3.3. AUTORIDADES SANCIONADORAS Y PRESCRIPCIÓN DE INFRACCIONES EN MATERIA DE TRÁFICO Y SEGURIDAD VIAL

Al igual que en seguridad ciudadana, vamos a exponer las autoridades sancionadoras a las que se han de dirigir las denuncias.

Autoridades:

Al Jefe de Tráfico de la provincia en que se haya cometido el hecho.

A los Órganos competentes de las Comunidades Autónomas competentes en la materia.

En vías urbanas corresponderá a los Alcaldes o sus delegados.

Además cuando denunciemos según el precepto, podremos intuir la sanción a la que se expone el infractor según sea la infracción.

Las sanciones serán para las:

Infracciones leves con, 100 euros.

Infracciones graves con, 200 euros.

Infracciones muy graves, con 500 euros.

Otro factor importante es la prescripción, que es el plazo existente desde que se ha cometido la infracción, hasta que se pone en conocimiento de la autoridad competente.

Prescripción de las infracciones será de:

3 meses para las infracciones leves.

6 meses para las infracciones graves.

6 meses para las infracciones muy graves.

3.4. CONFECCIÓN DE LA DENUNCIA DE TRÁFICO
Modelo:

A LA JEFATURA PROVINCIAL DE TRÁFICO DE ....

D/Dª............, con DNI núm. ...., TIP núm........ y domicilio a efectos de notificaciones en....., (C.P............), [*en nombre y representación de, en su caso*], correo electrónico ...., ante (*el órgano administrativo correspondiente*) comparezco, y como mejor proceda en derecho,

DIGO

Que por medio del presente escrito vengo a formular DENUNCIA contra.... por...........(*señalamos la infracción que denunciamos;* ....) que se detallan en el presente escrito y sus anexos, en su caso.

La presente DENUNCIA se basa en los siguientes:

HECHOS
PRIMERO...
SEGUNDO...

A los presentes hechos le son de aplicación los siguientes:

FUNDAMENTOS DE DERECHO

I. Se establece como especial deber de colaborar y auxiliar en todo momento a las Fuerzas y Cuerpos de Seguridad, según expone el artículo 4.2 de la Ley Orgánica 2/1986, de 13 marzo, de Fuerzas y Cuerpos de Seguridad, así como el interés legítimo en denunciar todas las infracciones administrativas en el ejercicio de las funciones establecido en artículo 32.d) de la Ley 5/2014, de 4 de abril, de Seguridad Privada.

II. De acuerdo con el artículo 86 del Real Decreto Legislativo 6/2015, de 30 de octubre, por el que se aprueba el texto refundido de la Ley sobre Tráfico, Circulación de Vehículos a Motor y Seguridad Vial, se insta incoación de acuerdo con los preceptos infringidos en esta denuncia.

En virtud de lo expuesto,

SOLICITO que teniendo por presentado este escrito, se sirva admitirlo, y en su virtud tenga por interpuesta DENUNCIA contra..... por .... , y previos trámites legales oportunos, lleve a cabo las actuaciones necesarias para proceder a iniciar el procedimiento sancionador contra los responsables de la infracción, y en virtud de lo establecido en la ley.

En…, a… de..........de 201...

Fdo:....................   Testigo:…………...

EJEMPLO 1. HACER CASO OMISO A LA SEÑAL DE STOP

A LA COMISARÍA DE POLICÍA LOCAL CASTELLÓN

El vigilante de seguridad D/Dª *Víctor Martínez López*, con DNI núm. *75.105.001-X*, TIP núm. *75.857* y domicilio a efectos de notificaciones en *SEGURMAR S.L., Calle Segarra, 3, Castellón C.P. 12.003*, correo electrónico *conferenciavigilantes@gmail.com*, ante la **COMISARÍA DE POLICÍA LOCAL CASTELLÓN** comparezco, y como mejor proceda en derecho,

DIGO

Que por medio del presente escrito vengo a formular DE-NUNCIA, contra el conductor del vehículo Ford Fiesta color azul con placa de matrícula 2589-GHD, por el Real Decreto Legislativo 6/2015, de 30 de octubre, por el que se aprueba el texto refundido de la Ley sobre Tráfico, Circulación de Vehículos a Motor y Seguridad Vial, al artículo 76. l) No respetar la señal de stop o la señal de ceda el paso. Hechos que se detallan en el presente escrito y anexos, en su caso.

La presente DENUNCIA se basa en los siguientes:

HECHOS

PRIMERO PRIMERO *Prestando servicio de seguridad privada en el Centro Comercial Tres Aguas, en Calle Ronda Sur S/N, de Castellón, fecha 30/12/2017, con horario de 06:00 a 14:00 horas, me encuentro en la zona de aparcamiento privado de uso público y abierto al público sin determinar.*

SEGUNDO *Que a las 10:40 horas de la mañana, por la vía que da acceso a la Calle Burgos, se encuentra una señal de STOP, y que el vehículo Ford Fiesta color azul con placa de matrícula 2589-GHD, hace caso omiso a esta señal, pudiendo crear un accidente al incorporarse a la vía por no respetar la señal.*

FUNDAMENTOS DE DERECHO

I. Se establece como especial deber de colaborar y auxiliar en todo momento a las Fuerzas y Cuerpos de Seguridad, según expone el artículo 4.2 de la Ley Orgánica 2/1986, de 13 marzo, de Fuerzas y Cuerpos de Seguridad, así como el interés legítimo en denunciar todas las infracciones administrativas en el ejercicio de las funciones establecido en artículo 32.d) de la Ley 5/2014, de 4 de abril, de Seguridad Privada.

II. De acuerdo con el artículo 86 del Real Decreto Legislativo 6/2015, de 30 de octubre, por el que se aprueba el texto refundido de la Ley sobre Tráfico, Circulación de Vehículos a Motor y Seguridad Vial, se insta incoación de acuerdo con los preceptos infringidos en esta denuncia.

En virtud de lo expuesto,

SOLICITO que teniendo por presentado este escrito, se sirva admitirlo, y en su virtud tenga por interpuesta DENUNCIA contra el conductor del vehículo Ford Fiesta color azul con placa de matrícula 2589-GHD, y previos trámites legales oportunos, lleve a cabo las actuaciones necesarias para proceder a iniciar el procedimiento sancionador contra los responsables de la infracción, y en virtud de lo establecido en la ley.

En Castellón, a 01 de Enero de 2018.

Fdo: V.S. T.I.P.: 75.857

Testigo (o en su caso imágenes):
Rodrigo Sánchez Can
(DNI 44.899.554-E) V.S.
T.I.P.: 074.577

EJEMPLO 2. CIRCULAR SIN HACER USO DE ALUMBRADO

A LA JEFATURA DE TRÁFICO DE CASTELLÓN

El vigilante de seguridad D/Dª *Víctor Martínez López*, con DNI núm. *75.105.001-X*, TIP núm. *75.857* y domicilio a efectos de notificaciones en *SEGURMAR S.L., Calle Segarra, 3, Castellón C.P. 12.003,* correo electrónico *conferenciavigilantes@gmail.com*, ante la **PUESTO DE LA GUARDIA CIVIL DE CABANES** comparezco, y como mejor proceda en derecho,

DIGO

Que por medio del presente escrito vengo a formular DE-NUNCIA, contra el conductor del vehículo Rover Ranger color azul con placa de matrícula 2589-GHD, por el Real Decreto Legislativo 6/2015, de 30 de octubre, por el que se aprueba el texto refundido de la Ley sobre Tráfico, Circulación de Vehículos a Motor y Seguridad Vial, al artículo 77 e) Circular sin hacer uso del alumbrado reglamentario.

La presente DENUNCIA se basa en los siguientes:

HECHOS

PRIMERO PRIMERO *Prestando servicio de seguridad privada en Fabrica de Piensos en la vía N-311, km 3 de Cabanes sentido a Castellón, fecha 30/12/2017, con horario de 22:00 a 06:00 horas, me encuentro en la zona de aparcamiento privado de uso público y abierto al público sin determinar.*

SEGUNDO *Que a las 05:40 horas de la madrugada, por la vía descrita que da acceso al aparcamiento privado, circula el vehículo Rover Ranger color azul con placa de matrícula 2589-GHD, sin el correspondiente alumbrado.*

FUNDAMENTOS DE DERECHO

I. Se establece como especial deber de colaborar y auxiliar en todo momento a las Fuerzas y Cuerpos de Seguridad, según expone el artículo 4.2 de la Ley Orgánica 2/1986, de 13 marzo, de Fuerzas y Cuerpos de Seguridad, así como el interés legítimo en denunciar todas las infracciones administrativas en el ejercicio de las funciones establecido en artículo 32.d) de la Ley 5/2014, de 4 de abril, de Seguridad Privada.

II. De acuerdo con el artículo 86 del Real Decreto Legislativo 6/2015, de 30 de octubre, por el que se aprueba el texto refundido de la Ley sobre Tráfico, Circulación de Vehículos a Motor y Seguridad Vial, se insta incoación de acuerdo con los preceptos infringidos en esta denuncia.

En virtud de lo expuesto,

SOLICITO que teniendo por presentado este escrito, se sirva admitirlo, y en su virtud tenga por interpuesta DENUNCIA contra el conductor del vehículo *Rover Ranger color azul con placa de matrícula 2589-GHD* , y previos trámites legales oportunos, lleve a cabo las actuaciones necesarias para proceder a iniciar el procedimiento sancionador contra los responsables de la infracción, y en virtud de lo establecido en la ley.

En Cabanes, a 01 de Enero de 2018.

Fdo: V.S. T.I.P.: 75.857

Testigo (o en su caso imágenes):
Rodrigo Sánchez Can
(DNI 44.899.554-E) V.S.
T.I.P.: 074.577

EJEMPLO 3. ARROJAR COLILLAS POR LA VENTANILLA

AL ALCALDE/SA CASTELLÓN

El vigilante de seguridad D/Dª *Víctor Martínez López*, con DNI núm. *75.105.001-X*, TIP núm. *75.857* y domicilio a efectos de notificaciones en *SEGURMAR S.L., Calle Segarra, 3, Castellón C.P. 12.003*, correo electrónico *conferenciavigilantes@gmail.com*, ante la **COMISARÍA DE POLICÍA LOCAL CASTELLÓN** comparezco, y como mejor proceda en derecho,

DIGO

Que por medio del presente escrito vengo a formular DENUNCIA contra el conductor del vehículo Seat Córdoba color plateado con placa de matrícula 8932-HHD, por el Real Decreto Legislativo 6/2015, de 30 de octubre, por el que se aprueba el texto refundido de la Ley sobre Tráfico, Circulación de Vehículos a Motor y Seguridad Vial, al artículo 77 n) arrojar a la vía o en sus inmediaciones objetos que puedan producir incendios o accidentes, o que obstaculicen la libre circulación. Hechos que se detallan en el presente escrito y anexos, en su caso.

La presente DENUNCIA se basa en los siguientes:

HECHOS

PRIMERO PRIMERO *Prestando servicio de seguridad privada en el Centro Comercial Tres Aguas en Calle Ronda Sur S/N de Castellón, fecha 30/12/2017, con horario de 06:00 a 14:00 horas, me encuentro en la zona de aparcamiento privado de uso público y abierto al público sin determinar.*

SEGUNDO *Que a las 10:40 horas de la mañana, el conductor del vehículo arroja una colilla encendida de tabaco junto a una papelera de este centro pudiendo provocar un incendio. Acto seguido se marcha del aparcamiento con dirección a Castellón centro, por la vía calle Ronda Sur.*

FUNDAMENTOS DE DERECHO

I. Se establece como especial deber de colaborar y auxiliar en todo momento a las Fuerzas y Cuerpos de Seguridad, según expone el artículo 4.2 de la Ley Orgánica 2/1986, de 13 marzo, de Fuerzas y Cuerpos de Seguridad, así como el interés legítimo en denunciar todas las infracciones administrativas en el ejercicio de las funciones establecido en artículo 32.d) de la Ley 5/2014, de 4 de abril, de Seguridad Privada.

II. De acuerdo con el artículo 86 del Real Decreto Legislativo 6/2015, de 30 de octubre, por el que se aprueba el texto refundido de la Ley sobre Tráfico, Circulación de Vehículos a Motor y Seguridad Vial, se insta incoación de acuerdo con los preceptos infringidos en esta denuncia.

En virtud de lo expuesto,

SOLICITO que teniendo por presentado este escrito, se sirva admitirlo, y en su virtud tenga por interpuesta DENUNCIA contra el conductor del vehículo Seat Córdoba color plateado con placa de matrícula 8932-HHD, y previos trámites legales oportunos, lleve a cabo las actuaciones necesarias para proceder a iniciar el procedimiento sancionador contra los responsables de la infracción, y en virtud de lo establecido en la ley.

En Castellón, a 01 de Enero de 2018.

Fdo: V.S. T.I.P.: 75.857

Testigo (o en su caso imágenes):
Rodrigo Sánchez Can
(DNI 44.899.554-E) V.S.
T.I.P.: 074.577

EJEMPLO 4. CIRCULAR EN SENTIDO CONTRARIO

AL ALCALDE/SA DE CASTELLÓN

El vigilante de seguridad D/Dª *Víctor Martínez López*, con DNI núm. *75.105.001-X*, TIP núm. *75.857* y domicilio a efectos de notificaciones en *SEGURMAR S.L., Calle Segarra, 3, Castellón C.P. 12.003*, correo electrónico *conferenciavigilantes@gmail.com*, ante la **COMISARÍA DE POLICÍA LOCAL CASTELLÓN** comparezco, y como mejor proceda en derecho,

DIGO

Que por medio del presente escrito vengo a formular DENUNCIA contra el conductor del vehículo vehículo Kia Sport con matrícula 1158-GFD, por el Real Decreto Legislativo 6/2015, de 30 de octubre, por el que se aprueba el texto refundido de la Ley sobre Tráfico, Circulación de Vehículos a Motor y Seguridad Vial, al artículo 77 f) circular en sentido contrario al establecido.

La presente DENUNCIA se basa en los siguientes:

HECHOS

PRIMERO PRIMERO *Prestando servicio de seguridad privada en Decathlon S.A, en el Polígono vía 9 de Castellón, fecha 30/12/2017, con horario de 22:00 a 06:00 horas, me encuentro en la zona de aparcamiento privado de uso público y abierto al público sin determinar.*

SEGUNDO *Que a las 22:05 horas de la noche, por la vía descrita que da acceso al aparcamiento, circula el vehículo Kia Sport con matrícula 1158-GFD,circulando en sentido contrario, creando un serio peligro, siendo la hora en que los clientes y obreros salen del trabajo.*

FUNDAMENTOS DE DERECHO

I. Se establece como especial deber de colaborar y auxiliar en todo momento a las Fuerzas y Cuerpos de Seguridad, según expone el artículo 4.2 de la Ley Orgánica 2/1986, de 13 marzo, de Fuerzas y Cuerpos de Seguridad, así como el interés legítimo en denunciar todas las infracciones administrativas en el ejercicio de las funciones establecido en artículo 32.d) de la Ley 5/2014, de 4 de abril, de Seguridad Privada.

II. De acuerdo con el artículo 86 del Real Decreto Legislativo 6/2015, de 30 de octubre, por el que se aprueba el texto refundido de la Ley sobre Tráfico, Circulación de Vehículos a Motor y Seguridad Vial, se insta incoación de acuerdo con los preceptos infringidos en esta denuncia.

En virtud de lo expuesto,

SOLICITO que teniendo por presentado este escrito, se sirva admitirlo, y en su virtud tenga por interpuesta DENUNCIA contra el conductor del vehículo Kia Sport con matrícula 1158-GFD, y previos trámites legales oportunos, lleve a cabo las actuaciones necesarias para proceder a iniciar el procedimiento sancionador contra los responsables de la infracción, y en virtud de lo establecido en la ley.

En Cabanes, a 01 de Enero de 2018.

Fdo: V.S. T.I.P.: 75.857

Testigo (o en su caso imágenes):
Rodrigo Sánchez Can
(DNI 44.899.554-E) V.S.
T.I.P.: 074.577

4. RESPONSABILIDADES

Aquellos vigilantes que denuncien administrativamente deberán tomar unas precauciones mínimas, a los únicos efectos de estar exentos de responsabilidades. Hemos querido señalar las más importantes, y que a nuestro juicio generan más dudas entre el personal.

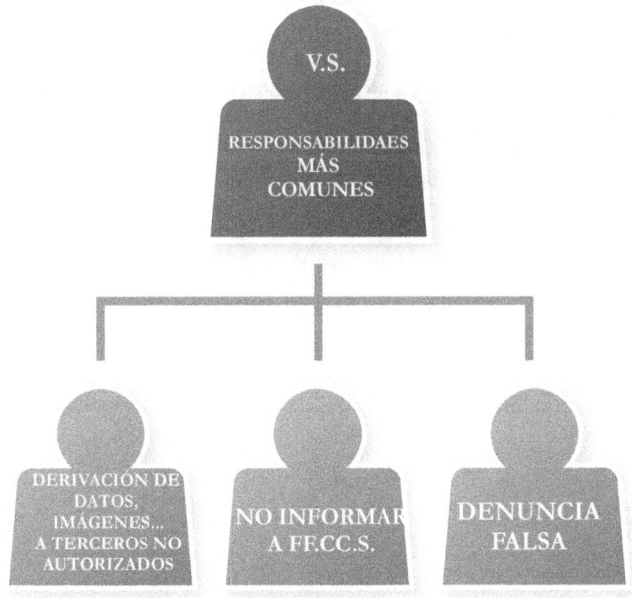

A) Penalmente, la **denuncia falsa** es un delito consistente en responsabilizar de la comisión de un ilícito penal (delito) ante una autoridad que tenga la obligación de perseguirlo, a una o varias personas aún conociendo que esa denuncia no es cierta, o se ha hecho a conciencia desvirtuándola de la realidad (en caso de que la autoridad administrativa pase el tanto de culpa al Ministerio Fiscal).

B) Infracción muy grave en el Reglamento de Seguridad Privada, es la falta de comunicación a las Fuerzas y Cuerpos de Seguridad de **informaciones relevantes** para la seguridad ciudadana, así como de los hechos delictivos de que tuvieren conocimiento en el ejercicio de sus funciones.

C) La comunicación de **buena fe** de información a las Fuerzas y Cuerpos de Seguridad, por las entidades y el personal de seguridad privada, **no constituirá vulneración** de las restricciones sobre divulgación de información impuestas por vía contractual o por cualquier disposición legal, reglamentaria o administrativa, cuando ello sea necesario para la prevención de un **peligro real para la seguridad pública o para la represión de infracciones penales** (artículo 15.3. de la L.S.P. 5/2014).

Dice la L.S.P. 5/2014, que las grabaciones realizadas por los sistemas de videovigilancia no podrán destinarse a un uso distinto del de su finalidad. Cuando las mismas se encuentren relacionadas con hechos delictivos o **que afecten a la seguridad ciudadana**, se aportarán, de **propia iniciativa** o a su requerimiento, a las Fuerzas y Cuerpos de Seguridad competentes, respetando los criterios de conservación y custodia de las mismas para su válida aportación como **evidencia o prueba** en investigaciones policiales o judiciales.

PARTE II
LÓGICA OPERATIVA

1. CÓMO DEFENDER LA SEGURIDAD

Si siempre que trabajamos en la Seguridad Privada, es con el fin de proporcionar seguridad, que menos, que entremos a valorar como debemos hacerlo.

De todas las definiciones, pensamientos, reflexiones, ideas sobre la seguridad que llevo escuchando a lo largo de mi vida laboral, una me caló hondo, no recuerdo quien, ni como ni cuando me la dijo, pero fue un concepto revelador. ¿Cómo es posible que pueda saber cuál es el fallo en seguridad viendo un triángulo?, pues sí , tan sencillo elemental y visual como un triángulo, y no sólo es útil para un objeto, bien jurídico o persona en concreto, este concepto se puede aplicar. !Qué digo puede ...se DEBE¡ aplicar a cualquier "cosa", por la que alguien determine que requiere nuestros servicios. Os lo explico.

La idea es tan sencilla como efectiva. Poner la mente en blanco...imaginaros en el centro la "cosa", a la que debéis proporcionar seguridad (dinero, centro comercial, banco, personalidad...), e ir viendo como aparecen de la nada tres líneas que se sitúan merodeando vuestra "cosa". Si esas tres líneas rodean el interés jurídico que protejáis, encerrándolo en un triángulo..!!ALERTA¡¡, el "malo" os ha ganado. Alguien o algo ha fallado, vuestra presencia ahí como profesionales de la seguridad ya carece de sentido, alguien no ha hecho los deberes.

¿Solución?, obviamente antes de que se cometa la vulneración hacia nuestra "cosa", evita por todos los medios, que el triángulo se cierre, ¿cómo? Desintegrando uno de los lados, ¿cuál?, cualquiera, el que mas rabia te dé, el que este en tu mano, el que puedas. Retira al menos uno de los lados y tu "cosa" continuara protegida

Vamos a examinar cada uno de esos tres lados del triángulo, vamos a estudiar la amenaza, y vamos a analizar en cual de esos tres factores un profesional de la seguridad privada esta mas próximo para neutralizarlo.

Para que nos sirva como recordatorio, como regla mnemotécnica y siempre tengamos este concepto presente, llamaremos a esta conjetura, "LA TEORÍA DE LAS TRES M"

MÓVIL

Para que alguien decida iniciar una actividad hostil, desee poseer algo que por vías legales no pueda obtener, y esté dispuesto a correr un riesgo ya sea físico o bien jurídico, ha de existir un MÓVIL. Un motivo que sea el detonante para que en los engranajes mentales de este individuo, se comience a fraguar la idea de vulnerar lo que nosotros protejamos, sea cual sea el coste final. La única idea que ese individuo contempla es "QUIERO ESO".

Cuando hablo de MÓVIL, ¿A qué motivación me refiero?, a cualquiera, desde económica, despecho, venganza, sentimental, patología mental, necesidad,...Cualquier motivo, idea, causa, razón, que una persona contemple, es SU MÓVIL.

Si bien, en el ámbito de la Seguridad Privada el MÓVIL más común es el económico (enriquecimiento ilegal) seguido por el despecho/venganza (ej. represalias por un despido).

Desde el ámbito de la Seguridad Privada, este lado del triángulo es difícil de detectar, puesto que nunca podremos introducirnos en la mente de nadie, ni llegar a saber sus intenciones. Es cierto que, si este lado del triángulo se genera dentro de nuestro círculo laboral próximo y estamos atentos, es posible que se pueda detectar, incluso antes que intuir la voluntad.

ATENCIÓNⅡ un lado del triángulo ronda nuestra "cosa", alguien quiere ponernos en compromiso y ya tiene un MÓVIL. Aún no existe peligro, pero comienza a asomar el riesgo.

MEDIOS Y MATERIAL

Alguien ya tiene un MÓVIL, un motivo por el cual desea obtener el bien que nosotros protegemos. ¿Qué más necesita?. MEDIOS. Una planificación, en dónde se contemplen todos los factores que ha de tener en cuenta para que su "empresa" goce de garantías de éxito. En esa planificación se va a consignar desde; que necesita, dónde obtenerlo, cómo portarlo, horarios, itinerarios, costumbres, rutinas...etc. En cuanto el "malo", consiga todos los MEDIOS necesarios para llevar a cabo su idea, caerá como una losa el segundo lado de nuestro triangulo, dejándonos ya poco margen para que la seguridad que aportamos, siga siendo efectiva.

En este aspecto SÍ, que como Profesionales de la Seguridad, tenemos mucho que decir y aportar a la hora de prevenir y evitar, ¿cómo?. Con nuestra observancia, prestando atención a todo lo que sucede a nuestro alrededor y dándole un sentido lógico. Me quieres decir por ejemplo, que si una persona está durante varios días, merodeando los alrededores del banco en el que trabajas..., ¿no debería llamar tu atención y ponerte alerta?.

La moraleja de este punto, es que abras los ojos y seas capaz de detectar conductas sospechosas, que a ojos de un profano pasarían desapercibidas, pero a ti como profesional de la seguridad no, y poder así evitar la comisión de ilícitos o al menos estar preparado para cuando se cometan.

ALERTA¡¡ si alguien ha rodeado nuestra "cosa", con el MÓVIL para conseguirlo, y tiene MEDIOS, con los que llevar a cabo su acción con garantías, significa de momento, que "trabaja" mejor que nosotros. Poner atención al último lado del triángulo, puesto que es la última oportunidad para proteger lo que han confiado en nosotros.

MOMENTO (oportunidad)

Así como en el primer lado, no estaba en nuestras manos poder eludir el MÓVIL, en el segundo lado si exigía de nuestra profesionalidad y atención para descubrirlo. La responsabilidad de que el último lado del triángulo se cierre, es nuestra, y no digo nuestra a título personal, digo nuestra a título general, es culpa de la SEGURIDAD, concretamente de una falta de seguridad.

El primer fin, por el que se contrata seguridad privada es el elemento disuasorio que ello supone. Si a una persona no le disuade nuestra presencia es por dos motivos:

A.- No existe presencia de seguridad que disuada, osea el "malo" ha encontrado una grieta en la seguridad y la va a emplear para buscar su MOMENTO. La responsabilidad de este punto puede recaer en la planificación del plan de seguridad a todas luces insuficiente.

B.- Existe presencia de seguridad y no disuade, o sea al "malo" no le causas ningún tipo de respeto, careces de todo tipo de autoridad. TÚ con tu falta de profesionalidad le estás poniendo al "malo" su MOMENTO en bandeja de plata y con ella cerrar el triángulo.

Recuerda, en esta teoría que os planteamos, sólo es necesario evitar que esos tres factores confluyan para un fin común, con que retires de la ecuación uno de ellos, tu "cosa" seguirá en un ambiente seguro.

MÓVIL+MEDIOS+MOMENTO = VULNERACIÓN
MÓVIL+MEDIOS-MOMENTO = PROTECCIÓN
MÓVIL-MEDIOS+MOMENTO = PROTECCIÓN
MEDIOS+MOMENTO-MÓVIL = PROTECCIÓN

2. PRINCIPIOS BÁSICOS DE ACTUACIÓN

¿Un vigilante de seguridad está autorizado al uso de la violencia? ¡¡ NOOO!!

Estamos intentando ser PROFESIONALES en materia de seguridad, por tanto empleemos bien nuestras herramientas. Una de ellas, la más importante y efectiva es el conocimiento de las leyes, y más en profundidad, las leyes que amparan cada una de nuestras acciones. Por lo tanto la afirmación que encabeza este texto es rotundamente falsa, y lo que es peor ilegítima. Ahora bien, que contestas si te vuelvo a preguntar: ¿Un vigilante de seguridad Privada está legitimado al empleo de la fuerza? La respuesta es afirmativa, rotundamente SI. ¿Cuál es la base legal de esta afirmación? Se encuentra en dos leyes distintas, por un lado la 5/2014 en su artículo 32 que versa sobre las funciones de la Seguridad Privada dice en su punto 1 apartado c):..."*Evitar la comisión de actos delictivos o infracciones administrativas en relación con el objeto de su protección, realizando las comprobaciones necesarias para prevenirlos o impedir su consumación, debiendo oponerse a los mismos e intervenir cuando presenciaren la comisión de algún tipo de infracción o fuere precisa su ayuda por razones humanitarias o de urgencia*". Después de haberte recordado este artículo, ¿cómo actuarias ante alguien violento que tras la comisión de un ilícito no depone su actitud?. ¿Tirándole gominolas?

Vale, ya tenemos un precepto legal que llegados el momento, nos autorizaría al empleo de la fuerza, ahora nos falta otro que nos aporte garantías legales, de que, lo que vamos hacer no nos acarreará ningún tipo de responsabilidad penal.

Dónde encontramos ese "salvoconducto", en las eximentes del Código Penal.

El art. 20.4 del Código Penal estable como causas eximente:

El que obre en defensa de la persona o derechos propios o ajenos, siempre que concurran los requisitos siguientes:

1.- Agresión ilegítima.
2.- Necesidad racional del medio empleado para impedirla o repelerla.
3.- Falta de provocación suficiente por parte del defensor.

Trabajar bajo el paraguas de la legítima defensa nos blinda de responsabilidades penales, si bien necesitamos que concurran los tres puntos (de no ser así estaríamos ante una eximente incompleta o atenuante). Vamos a dejar claro que debe de suceder en nuestra actuación para estar libres de culpa

1.- Agresión ilegítima

La agresión será una acción humana dolosa que ponga en peligro bienes jurídicos personales y/o propios.

2.- Necesidad racional del medio empleado para impedirla o repelerla

El medio que se ha utilizado en la defensa era proporcional al peligro creado por la agresión ilegítima.

3.- Falta de provocación suficiente por parte del defensor

No cabe que el sujeto provoque deliberadamente al agresor, con el fin de que agreda y le permita actuar.

Hasta aquí todo claro. La ley de Seguridad Privada aprueba el empleo de la fuerza si fuese necesaria, y el Código Penal nos marca las circunstancias que han de darse para carecer de responsabilidad penal en nuestra hipotética actuación con empleo de fuerza. Ya tenemos un marco legal en el que actuar, si bien aún no hemos hablado de cómo ha de emplearse esa fuerza que debería poner fin a un episodio de agresión hacia los intereses que defendemos. ¿Qué sucede si por necesidades del servicio me veo en la obligación de emplear la fuerza?

Pues se emplea pero con observancia, puesto que también existe legislación al respecto, si queremos continuar dentro de nuestro marco legal y trabajar con garantías deberemos cumplirla sin errores. Hablamos de los **Principios Básicos** de actuación. Para que entendáis, no podemos decidir emplear el uso de la fuerza amparándonos en el marco legal que regula el CUÁNDO, y actuar de manera arbitraria con respecto al CÓMO. Los Principios Básicos de Actuación han de estar presentes en todas nuestras intervenciones para que las mismas sean garantes de ley.

Las leyes que regulan el CÓMO se debe actuar son, indudablemente:

- La no vulneración de los derechos fundamentales consignados en nuestra Carta Magna, la Constitución, en su TITULO I "De los deberes y derechos fundamentales".
- Artículos 8 y 30 de la Ley de Seguridad Privada.

Artículo 8. Principios rectores.

1. Los servicios y funciones de seguridad privada se prestarán con respeto a la Constitución, a lo dispuesto en esta ley, especialmente en lo referente a los principios de actuación establecidos en el artículo 30, y al resto del ordenamiento jurídico

Artículo 30. Principios de actuación.

Además de lo establecido en el artículo 8, el personal de seguridad privada se atenderá en sus actuaciones a los siguientes principios básicos:

a) Legalidad.

b) Integridad.

c) Dignidad en el ejercicio de sus funciones.

d) Corrección en el trato con los ciudadanos.

e) Congruencia, aplicando medidas de seguridad y de investigación proporcionadas y adecuadas a los riesgos.

f) Proporcionalidad en el uso de las técnicas y medios de defensa y de investigación.

g) Reserva profesional sobre los hechos que conozca en el ejercicio de sus funciones.

h) Colaboración con las Fuerzas y Cuerpos de Seguridad. El personal de seguridad privada estará obligado a auxiliar y colaborar especialmente con las Fuerzas y Cuerpos de Seguridad, a facilitarles la información que resulte necesaria para el ejercicio de sus funciones, y a seguir sus instrucciones en relación con el servicio de seguridad privada que estuvieren prestando.

¿Qué te está pareciendo hasta el momento? Demasiadas leyes a tener en cuenta para una simple intervención en la que puede haber empleo de la fuerza ¿verdad? Pues sí, pero ésta es la diferencia entre un vigilante de seguridad y un BUEN vigilante de seguridad, ésta es la diferencia entre no existir responsabilidad penal o salir como investigado (antes imputado) en una causa por lesiones

Hemos garantizado que este manual ha de ser una guía de trabajo útil y efectiva, por lo cual vamos a pasar todo este articulado de leyes por nuestro filtro de experiencia e intentar explicarlo para que no exista ningún género de dudas de que estás haciendo lo correcto, lo legal, en cualquier intervención que por desgracia no puedas extinguir con tus palabras y en la que hayas de emplear la fuerza.

2.1. REGLA NÚMERO 1. PRINCIPIO DE INTERVENCIÓN MÍNIMA

Para dar tu primer paso en una acción en la que hayas de recurrir a la fuerza, has de saber que la cantidad de ella que puedes emplear, es la MÍNIMA necesaria para solventar el conflicto. Esto es mucho más fácil leerlo, que llevarlo a cabo, puesto que estaremos bajo los efectos de una de las drogas más potentes, la ADRENALINA, por lo tanto la capacidad de actuar y razonar se verán notablemente alterada. No queremos ahondar en este campo, puesto que tenemos reservado un capítulo en este manual para entender cómo nos comportamos en situaciones de estrés. Pero ten en cuenta una cosa, en el "juego" de aportar seguridad se juega con desventaja, puesto que el "malo" puede tener la intención de hacerte daño, y tú SÓLO puedes ejercer la fuerza mínima imprescindible para que deponga su actitud o cese en el empeño de cometer el ilícito.

2.2. REGLA NÚMERO 2. OPORTUNIDAD, CONGRUENCIA Y PROPORCIONALIDAD

Ésto ha de ser tu "dogma de fe", puesto que si aglutinas estos tres principios de actuación, en tu intervención entrarás de lleno en un marco legal, y con él la exclusión de responsabilidad penal. Para que te hagas una idea coloquial y gráfica, la OPORTUNIDAD, la CONGRUENCIA y la PROPORCIONALIDAD, acompañadas de una INTERVENCIÓN MÍNIMA, será tu "póker de ases" a la hora de que alguien quiera interponer una denuncia contra tu actuación.

Damos paso a explicaros para que no quede ningún género de dudas, que aspectos debéis de tener en cuenta para identificar cada uno de estos tres principios básicos de actuación:

OPORTUNIDAD

Que tu intervención sea oportuna y necesaria para evitar, neutralizar un conflicto o conseguir una deposición de actitud hostil o violenta. Dicho con otras palabras, que la fuerza a utilizar deberá ser racionalmente imprescindible para cumplir objetivos profesionales.

Ejemplo. ¿Actuarías inmediatamente contra una persona que se encuentra en un campo de fútbol, en una grada ocupada por una hinchada "ultra" porque te ha tirado una botella?, la respuesta es NO. No es OPORTUNO, puesto que por mucha fuerza que emplees jamás podrás hacerte con el control de ese individuo en esa situación. OPORTUNO, seria identificarlo, realizar un seguimiento de esa persona y cuando las circunstancias sean óptimas (que vaya solo al baño) proceder a la intervención.

CONGRUENCIA

Ésta es fácil de entender, algo congruente es algo racional, sensato, lógico. Esta definición llevada al campo de la intervención policial, hace referencia al medio a emplear para poder abordar la situación con garantías. Si se cumple el precepto anterior de la OPORTUNIDAD,ello significa que actuaremos. La CONGRUENCIA nos marcará que "herramienta" emplear de manera que se adecue más a cada situación.

Ejemplo. ¿Esgrimirías tu arma ante una persona que se encuentra en un centro comercial desnudo amenazando con matar a todos? La respuesta es NO. No es CONGRUENTE, a todas luces tu elección de afrontar esa situación empuñando un arma de fuego no es lógica. CONGRUENTE, sería intentar dialogar con él y en el peor de los casos reducirlo con fuerza física.

PROPORCIONALIDAD

Si has llegado a este punto en tu intervención, significa que has decidido actuar con garantías (OPORTUNIDAD), y tienes en la mano (o en la mente), el medio adecuado para solventarla, (CONGRUENCIA). La PROPORCIONALIDAD, habla del empleo ponderado de ese medio que vas a emplear, que hagas un uso correcto y equilibrado.

Ejemplo. ¿Emplearías tu defensa cuatro veces consecutivas contra un individuo, que a la segunda acción con la defensa depone su actitud? La respuesta es NO. No es PROPORCIONADO, en el momento que individuo depone su actitud, ya no está ni justificado ni legitimado el empleo de la fuerza.

Una aclaración sobre este principio, si has llegado a la PROPORCIONALIDAD, es porque has hecho un trabajo perfecto, ejemplar, has conseguido afrontar un conflicto con seguridad, y garantías legales, no te dejes llevar por la situación de estrés, rabia o de obcecación, y hagas un empleo desmesurado de la fuerza, ya que estás poniendo en riesgo tu garantía legal. Recuerda. Actúas bajo un principio de MÍNIMA INTERVENCIÓN.

3. ARCO DE INTERVENCIÓN GRADUAL

Hasta este momento hemos visto, el "CUÁNDO", "CÓMO" y "POR QUÉ", del empleo de la fuerza, veamos ahora el "CON QUÉ".

En todo el capítulo anterior, hemos hecho alusión a "herramientas", que nos servirán de ayuda en nuestro día a día. Y puesto que siempre trabajaremos bajo un principio de mínima lesividad, analizaremos cuáles son esas "herramientas" y en qué momento emplearlas.

La norma genérica se encuentra en el gráfico que a continuación presentamos, aplicando el uso de la fuerza de menor a mayor poder coercitivo (represivo, pero no nos gusta emplear esta palabra), así como de menor a mayor intensidad, si bien esta norma genérica, se vera alterada y variará según la demanda de fuerza de la acción que queremos erradicar. ¿Qué tratamos de explicar con ésto?, que en la medida de lo posible nuestra intervención debería aumentar o menguar de grado, tanto en el instrumento empleado como en la intensidad de su aplicación, según la actitud que tratemos de neutralizar, demande más o menos carga de fuerza.

En otras palabras, si el "malo" sube en su actitud hostil, nosotros subiremos el nivel del empleo de la fuerza ¿cuánto?, a estas alturas ya lo deberíamos de saber: ¡LO MÍNIMO IMPRESCINDIBLE¡. Así bien, si el "malo" reduce o cesa su actitud violenta, nosotros deberemos reducir nuestro empleo de la fuerza de manera proporcionada, hasta posicionarnos en un empleo de la fuerza lo suficientemente efectiva para concluir con éxito nuestra intervención.

Si nos ajustamos de este modo al empleo gradual del uso de la fuerza, conseguiremos dos aspectos necesarios. Por un lado salvaguardar nuestra integridad física y lo que es más importante, trabajar con garantías legales.

Os presentamos, la pirámide del empleo de la fuerza, antes de desglosar cada una de las etapas, recordad:

— Desde abajo hacia arriba.

— De menos a más.

— Saltarse algún escalón, sólo si el conflicto lo requiere.

— Si la intensidad por parte de la acción hostil sube, tú sube pero sólo lo necesario.

– Si la intensidad por parte de la acción hostil baja, tú baja pero sólo lo necesario.

3.1. IMAGEN Y PRESENCIA

Es la mas infravalorada de las "herramientas" que poseemos, puesto que no se suele considerar que nuestra sola imagen sea útil en un conflicto. CRASO ERROR¡¡. Partiendo de la base que un porcentaje muy elevado en la efectividad de la seguridad Privada se basa en la disuasión, es decir , conseguir que alguien desista de sus propósitos ilícitos. Que mejor barrera inicial, que la presencia de un Profesional de la Seguridad Privada, que se sitúa entre este individuo y su interés ilegitimo por algo. Pero claro esta imagen y presencia ha de ser efectiva. Por consiguiente, si quieres que tu mera presencia sea eficaz, ¡CUÍDALA¡, no sólo hablamos del aseo, el porte, la vestimenta. La imagen es algo más, la imagen es actitud, es saber estar, es tener capacidad de desenvolverse por todas las capas sociales y no discordar. ¿Tu imagen y presencia evitará que alguien que realmente quiera burlar la seguridad que proporcionas consiga su objetivo?, quizás no o quizás sí, lo que si es seguro, es que si tu imagen no desprende, no emite respeto, autoridad, la contestación a la pregunta anterior es un NO rotundo, tu imagen no evitará que el "malo" burle la primera barrera hacia su objetivo, que no es otro que el bien jurídico que supuestamente estás protegiendo.

Reflexiona por un momento y ponte en la piel de alguien que desea por ejemplo robar. ¿cuál sería tu objetivo? Un comercio, protegido por un Profesional de la Seguridad Privada, atento, eficaz, sagaz, pulcro en su imagen. O por el contrario lo intentarías en un comercio, con un supuesto profesional de la Seguridad Privada, con un porte desidioso, descuidado, despistado. Si tu contestación es la segunda opción, !enhorabuena¡ serías un buen "malo".

Después de este análisis, quizás comprendas lo importante y efectiva que es la presencia e imagen que emanas, en base a esto. En un conflicto en el que se prevé que pueda degenerar en un enfrentamiento violento, emplea tu presencia como "arma", se firme, autoritario. Posiblemente si causas el efecto que debieras, con tu sola presencia, habrás sofocado un conato de acción hostil

Cuando inicies tu jornada laboral recuerda una frase del celebre dramaturgo Oscar Wilde: *"Nunca hay una segunda oportunidad para causar una primera buena impresión"*

3.2. TÉCNICAS DE DIÁLOGO

Hemos subido un escalón, tu mera presencia, aún siendo la correcta no ha surtido efecto, comienza a hablar.

Inicialmente negocia, argumenta, persuade, trata de convencer que la actitud de la persona que tiene intención de burlar la seguridad, no es la correcta, hazle conocedor de que su conducta no es la adecuada, que de no deponer la misma, acarreará consecuencias. Hazle sabedor de que tu presencia se justifica para erradicar conductas como las que esta persona plantea.

No hay un decálogo de normas verbales que garanticen el éxito, por lo tanto todo dependerá de tu capacidad de oratoria y de tu poder de convicción.

Hemos hablado de niveles a la hora de aplicar nuestras "herramientas". Comienza pues de un modo correcto, cordial aumentando el tono y la autoridad en caso de no conseguir tus objetivos. Agota todas las vías verbales posibles antes de abandonar este escalón de la pirámide. No caigas en descalificaciones y vejaciones hacia esta persona ¿acaso eres un pandillero, o un profesional de la Seguridad Privada?. ¿Crees que por emplear lenguaje soez e insultos, depondrá su actitud?. Yo te respondo a esa pregunta. NO, conseguirás el efecto contrario y con ello el irremediable paso al escalón superior, el contacto físico.

3.3. TÉCNICAS POLICIALES DEFENSA PERSONAL Y USO DE LA FUERZA A MANOS VACÍAS

El problema lejos de resolverse, arrecia. La presencia y el dialogo no han dado los frutos deseados, el individuo en cuestión adopta una postura que justifica el empleo de técnicas de control, y quizás percusión. Éste es el momento adecuado para que esos conocimientos adquiridos tras años de práctica en defensa personal policial hagan su trabajo.

Pero ¿qué pasa si no has pisado un "tatami" en tu vida?. ¿quién es el responsable de que llegados a este punto carezcas de los conocimientos necesarios para solventar este conflicto?. Esta última pregunta es retórica, es una reflexión particular sobre necesidades de formación en Seguridad Privada que chocan de frente con el recrudecido ámbito delincuencial de la sociedad actual.

Fuese de quien fuese la culpa, no es momento de entrar a valorar, el conflicto continúa, y con formación en Defensa Personal o sin ella, al ser profesionales de la Seguridad Privada, deberemos hacernos cargo. Llegados a este punto nuestro objetivo es obtener el control corporal, del individuo titular de la agresión, inmovilizándolo o persuadiéndolo, hasta conseguir que deponga su actitud. ¿Cómo?. Como puedas, pero recuerda los principios básicos de actuación, Tu integridad física y jurídica podrían estar en juego.

En este epígrafe se han aunado dos escalones de la pirámide, puesto que una vez, que se decide dar el paso al "cuerpo a cuerpo", las acciones de intentar inmovilizar, con efectuar algún tipo de técnica de percusión para un posterior control se aplican a demanda de la situación, por lo tanto estaríamos alternando de intensidades hasta someter al individuo o vernos obligados a un empleo superior de la fuerza y subir otro escalón.

Recuerda, trabajamos bajo un principio de <u>mínima lesividad,</u> para que tu intervención continúe dentro de un marco legal, pondera tu fuerza y siempre prioriza un control corporal ante una técnica de percusión.

3.4. MEDIOS NO LETALES

Si has llegado a este punto, en dónde la situación se ha agravado tanto, que no puedes hacerte con ella por los medios empleados hasta el momento, estás legitimado al uso de medios no letales. Para un Vigilante de Seguridad el medio legal del que dispones es la defensa semi-rígida de 50 cm. Utilízala con mesura. En estas situaciones en las que la adrenalina fluye a raudales por el torrente sanguíneo y nos encontramos en una situación de estrés, el principio básico de actuación PROPORCIONALI-DAD, se encuentra altamente comprometido y con ello nuestra eximente de responsabilidad penal. Antes de propinar un solo golpe, analiza la situación, valora si es preciso, imprescindible y necesario su empleo, si la respuesta es SÍ, adelante, pero recuerda, en términos policiales, existen zonas de percusión con bastón policial: ZONA VERDE menos lesivo (extremidades), ZONA AMARILLA lesivo (abdómen, espalda, pies, manos), ZONA ROJA muy lesivo (cabeza, genitales, columna). Evita estas últimas, te sacarán de tu marco legal de actuación.

3.5. MEDIOS LETALES

Ojalá, nunca nadie se encuentre en esta tesitura. Si te encuentras blandiendo tu arma hacia una persona, no has tenido más remedio, que escalar hasta el vértice de la pirámide. Has pasado de intentar reducir, intentar deponer una actitud, a tener que defender tu vida o la de terceras personas. En este momento es cuando CONGRUENCIA y OPORTU-NIDAD adquieren su máxima expresión. Has de estar muy seguro, que si te encuentras en esa situación es por que no existe modo alguno de erradicar la conducta violenta que se te ha presentado. Ten en cuenta una cosa, el arma de fuego, no es un "comodín", que cuando todo va mal, la esgrimes y se resuelve el conflicto. El arma de fuego es para su empleo en ultimísima instancia. No desenfundes tu arma para "asustar", SÓLO¡¡ desenfunda tu arma para defender tu vida o la de terceras personas, dependerá de la persona que tienes delante encañonada si la empleas o no.

Recordad: Mentalizaros de que un uso inadecuado de los últimos pisos de la pirámide (medios no letales y medios letales), pueden causar lesiones graves en la integridad física de las personas e incluso la pérdida de la vida, derechos fundamentales protegidos constitucionalmente, incurriendo en tipos penales que tienen el máximo castigo, dentro de nuestro ordenamiento jurídico.

Con la afirmación de este último párrafo, no pretendemos asustar, ni infringir temor a la hora de intervenir. El empleo de la fuerza en las actuaciones violentas, sólo se puede realizar de dos modos: BIEN o MAL, ¿Tú, cuál elijes?

4. DEFENSA PERSONAL POLICIAL

No, ésto no pretende ser un manual en el que se cuelguen tres fotografías explicando la realización de técnicas de control articular, proyección o percusión, básicamente por dos motivos:

Primero.- Las imágenes en los manuales, con una ejecución ideal y aparentemente con una finalización perfecta, trasladadas a la calle, en dónde el escenario dista mucho de un gimnasio, y lo que sientes en ese momento, en ocasiones se escapa de tu control, ¡créeme¡ no se van a parecer en nada.

Segundo.- Si quieres tener conocimientos en defensa personal, en técnicas de control articular, luxaciones, proyecciones, percusiones, has de entrenar, tener disciplina, sudar, sufrir, saber que se siente a la hora de aplicar una técnica y lo que es mas importante, saber lo que se siente al recibirla.

Si no vamos a aprender técnicas en este capítulo, ¿por qué lo hemos titulado Defensa Personal Policial?. Muy sencillo, queremos mostraros la filosofía, el fondo y lo esencial de esta disciplina marcial.

Un deporte de contacto, sea cual sea, desde las Artes Marciales tradicionales, hasta las más modernas, buscan una victoria frente una derrota, existen normas (aun en las más extremas), y el entorno esta "aséptico" de cualquier estímulo que no sean los propios de la disciplina.

En un colectivo de seguridad, ya sea público o privado, bajo la legitimidad del empleo de la fuerza, no se pueden poner en práctica estos deportes de contacto. ¿Por qué?, te preguntarás. La respuesta es obvia. A tí como agente de seguridad, te exigirán que te ajustes a Derecho, de lo contrario te pedirán responsabilidades civiles y/o penales, al actuar por razón de cargo. En otras palabras, para que nos entendamos, la legislación española te faculta al empleo de la fuerza siempre y cuando la apliques, cómo, cuándo y dónde ella diga, de lo contrario deberás explicar el por qué no lo has hecho dentro del paraguas de la legalidad.

La diferencia entre un deporte de contacto y la Defensa Personal Policial, radica en un pilar básico. En un conflicto en el que se deba de aplicar el empleo de la fuerza, el agente de seguridad (o sea Tú) no debe querer "ganar", no le tiene que mover la sed de victoria, le tiene que mover la legalidad, dentro del principio de mínima lesividad, sólo deberás buscar como único objetivo que esa actitud incorrecta y hostil cese o se neutralice. Y te preguntarás.. O sea, ¿qué él puede intentar pegarme, intentar lesionarme, intentar matarme, y yo sólo puedo "convencerlo" para, que por favor se esté quieto? !!exactamente¡¡. Ante esta desigualdad sólo te queda una opción....bueno dos, dejar de ser Vigilante de Seguridad, o actuar siempre con inteligencia.

Vamos a tratar de explicaros lo que a nuestro humilde criterio es el fundamento y el garante de éxito de la Defensa Personal Policial. Lejos de apostar por la contundencia, golpes, estrangulaciones y demás repertorio de técnicas, por desgracia, en ocasiones necesarios. Nosotros apostamos por, los espacios, las posiciones y las distancias. Si siempre, se pudiese estar en el lugar exacto y adecuado, nunca sería necesario dar ni un solo golpe y lo que es mejor, nunca lo recibiríamos. Si bien ésto es una utopía y es más fácil escribirlo que realizarlo, pero si prestas atención a los indicios y señales que inconscientemente te envía la persona con la que tienes que intervenir, y el entorno, existen muchas posibilidades de éxito.

A la hora de interactuar con personas y previniendo que esa situación se puede tornar adversa, partiremos siempre con cautela, relajando o acentuando nuestra intervención, según la actitud asumida por parte de nuestro interlocutor. Antes de llegar a estar a escasos centímetros de una persona con un potencial de agresividad, existen muchos metros en los que poder evaluar si decido o no decido continuar aproximándome. En nuestras intervenciones, siempre que el tiempo de reacción lo permita, dividiremos el espacio en tres zonas, ZONA DE OBSERVACIÓN, ZONA DE SEGURIDAD Y ZONA DE CONTACTO.

4.1. ZONA DE OBSERVACIÓN

Esta ZONA, nace justo en el punto en el llegamos a nuestra intervención y tenemos contacto visual. En esta zona deberemos observar, valorar el problema que la sociedad nos plantea, ver cuánta gente interviene, su estado anímico, la naturaleza del incidente, en resumen, todos los aspectos necesarios que nos harán falta para evaluar, si podemos o no podemos por nosotros mismos resolverla. Si damos por sentado que no podemos hacer frente con garantías, participaremos con detalle en qué es lo que está sucediendo y se reforzará con más efectivos materiales o humanos necesarios. Si por el contrario, somos conscientes de que podemos resolverla continuaremos aproximándonos, mientras mentalmente trazamos un plan de actuación.

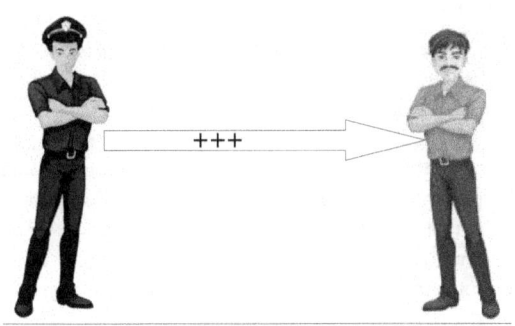

4.2. ZONA DE SEGURIDAD

En el momento que decidimos afrontar el incidente, haremos que nuestro futuro interlocutor fije su atención en nosotros. En este instante entraremos de lleno en la nueva ZONA, la de seguridad. Esta zona nos ha de permitir, dirigirnos a él de un modo presencial y verbal sin que genere duda alguna a nuestro ya interlocutor , de que nos referimos a él. Al mismo tiempo, la zona ha de ser tan amplia , que nos permita evolucionar en nuestra intervención con seguridad, ya sea para poder retroceder en caso de ser necesario, o para emplear los elementos del arco gradual de intervención. El grueso de nuestra actuación debería desarrollarse en esta zona puesto que nos aporta garantías.

SEGURIDAD

4.3. ZONA DE CONTACTO

Por necesidades de la intervención, es probable que debamos aproximarnos tanto al individuo en cuestión, que entremos de lleno en la ZONA de contacto. Esta zona es la mas crítica, puesto que el polo físico bilateral, es latente. Por ser de especial sensibilidad no se puede titubear a la hora de permanecer en ella o salir de ella. Lo ideal, a la menor sospecha de que podemos ser objeto de una agresión o acción violenta, sería poder estar en disposición de "saltar" a la ZONA de SEGURIDAD, y replantear la actuación. Si por el contrario, ante una inminente acción hostil hacia nuestra persona con agresión, no estuviésemos en disposición de alcanzar la deseada ZONA de SEGURIDAD, nos "metemos hasta la cocina" en la ZONA de CONTACTO, con lo que ello conlleva. En resumen, en esta zona se ha de permanecer lo mínimo imprescindible, pero si se tiene que actuar y evolucionar en este espacio tan crítico, no lo dudéis ni un momento O TODO o NADA, no puede haber dudas trabajando en una zona de riesgo como es ésta.

CONTACTO

De poco vale que seas conocedor de diversas técnicas de defensa, seas muy bueno con tus puños y piernas cuando no tienes la capacidad de estar en el lugar apropiado en cada momento.

Las zonas de las que acabamos de hablar, no son fijas, son dinámicas, quédate con el concepto y adapta las zonas a tu comodidad. Si en el lugar en el que te posicionas no estas al 100% "cómodo", antes de continuar evolucionando con la actuación, busca tu comodidad. De lo contrario, en lugar de estar centrado en cuerpo y alma en buscar la mejor solución para tu conflicto, parte de tus recursos mentales, estarán recordándote constantemente que no estás trabajando de un modo confortable.

Veamos ahora cual sería la posición más resolutiva, a la hora de entablar un diálogo, con una persona con la que queremos interactuar. Esta posición es natural, es un "híbrido" entre comodidad y rapidez en la respuesta.

4.4. POSICIÓN DE ENTREVISTA

Llamaremos posición de entrevista, al posicionamiento corporal que adquirimos, a la hora de iniciar una interacción con un individuo. Las generalidades de la posición las mantendremos siempre, relajando o acentuando según fluctúe la intensidad de la intervención.

Empezaremos a describirla desde abajo hacia arriba:

Te proponemos un "juego", sigue estas indicaciones, al pie de la letra. Si al concluir la descripción de la posición, no te has caído al suelo, te encuentras cómodo, afianzado al suelo y te crees capaz de afrontar una conversación con una persona desconocida, significará que la hemos explicado bien.

- Pies separados a la anchura de los hombros, uno de ellos, el mas "fuerte" retrásalo, lo justo para estar equilibrado y al mismo tiempo no perder capacidad de reacción en caso de que sea necesario (si tu pierna retrasada es la que porta el arma, si es que llevas, magnífico).

- Rodillas levemente flexionadas, esta circunstancia permitirá una rápida reacción articular ante cualquier sobresalto.

- Vamos con la cadera. Un lado levemente retrasado en consonancia con la posición de los pies. Lo ideal sería que en el hipotético caso de que fueses un Vigilante de Seguridad armado, tu arma estuviese en el lado del costado mas retrasado. (mas retrasada, más distancia entre tu arma y tu interlocutor)

- Codos, pegados a los costados, este aspecto tiene doble finalidad, por un lado controlar por "tacto" la disposición de los elementos de tu cinturón y lo más importante aportar protección a los costados, un golpe contundente en cualquiera de los dos costado, da de todo menos risa.

- Antebrazos semiflexionados al frente en un ángulo entre 90 o 45 grados, que tengan la posibilidad de desplazarse entre la altura de tu torso y tu cabeza.

- Manos abiertas, este aspecto es muy significativo e importante, evidencia, y transmite deseo de no violencia. Por el contrario, si tratas de interactuar con una persona, con unos puños cerrados, su subconsciente interpretará esa imagen como una invitación a la lucha.

¿Qué tal? ¿cómo ha quedado tu posición?. Seguramente estarás en una postura de lo mas ridícula, puesto que ha sido forzada. Pues esa posición adoptada de un modo natural, sería la posición perfecta, en la que se equilibraría la comodidad, la seguridad y la operatividad..

No queremos concluir este capítulo, sin mencionaros unas particularidades que deberíais tener siempre presentes. A priori, podría parecer que no tiene nada que ver con la Defensa Personal Policial, pero por nuestra experiencia estamos "legitimados", para afirmar que son necesarias tanto o más que la aplicación perfecta de una técnica de Artes Marciales.

- Sé humilde y correcto en cada uno de los inicios de tus intervenciones, todos somos personas, vayamos bien vestidos o vayamos como un pordiosero, respeta la "presunción de inocencia" hasta que tu interlocutor no te muestre lo contrario. En primera instancia no sabes a quien te diriges, siempre habrá alguien más fuerte, más guapo y más listo que tú. ¿qué pasaría si lo tienes delante?

- Sé mesurado y proporcionado en tus intervenciones, muchas veces una mala gestión en la intervención, o nuestra mala práctica laboral, es el detonante para que una acción inicialmente asumible se nos vaya de las manos.

- Muestra "manos" y pide "manos", lo comentamos en el apartado de la posición de entrevista, inicialmente aporta un ambiente de tranquilidad mostrando tus manos abiertas y "son de paz", del mismo modo, no salgas de tu ZONA de SEGURIDAD, si alguien no te muestra las suyas. A excepción de las patadas el resto de las agresiones, ya sea con golpes, con armas blancas o con armas de fuego, es necesario el empleo de las extremidades superiores, ¡PIDE MANOS A LA VISTA¡, si no hay manos, desconfía y no continúes aproximándote.

- En nuestros años como profesionales, nos hemos cruzado con dos tipos de personas, los que tienen ACTITUD, y los que carecen de ella. Trabajar con los primeros es una delicia, te aporta tranquilidad y seguridad. Ten ACTITUD, es gratis. La falta de conocimientos en un ámbito se puede suplir con actitud, pero la falta de actitud, no se suple con nada.

En una ocasión, salí a trabajar con dos compañeros, uno no dejaba de hablar sobre lo experto que era en un sinfín de disciplinas marciales, según él era una eminencia en defensa personal, durante horas no paró de vanagloriarse de sí mismo. En cambio el otro apenas hablaba de él, de hecho sólo lo hizo para decir que él nunca había entrenado, pero sí que se había criado en una zona de los extrarradios de Madrid. En el transcurso del servicio, tuvimos una intervención con una persona violenta. El que dió la cara, el que le faltó tiempo para abalanzarse sobre el "malo", el que en un visto y no visto lo redujo, fue el que no tenía ni idea de defensa personal. Entre tanto "kung-fu Panda", llegó cuando la situación estaba controlada, alegando que se retrasó por estar participando las novedades por la emisora.

— Eres BUENO, empieza a creértelo.

ACTITUD + FORMACIÓN + HUMILDAD + CONSTANCIA = PROFESIONALIDAD

---

5. CONOCER EL MIEDO

Se ha escrito muchísimo sobre el miedo, el temor, el pánico, terminología técnica, estudios científicos, tanto a nivel neuronal, como físico. El saber cómo funciona nuestro cerebro y cómo reacciona (o debiese reaccionar) en según que casos es apasionante, merece la pena invertir parte del tiempo de nuestra formación continua en leer algo al respecto.

Este capítulo no nace con la pretensión de desenmarañar los secretos y laberintos de nuestro cerebro. Lo máximo a lo que aspiramos con esta pequeña introducción sobre el maravilloso mundo de la mente humana, es a conocer, por un lado, que el miedo en una situación de estrés es BUENO y por otro lado, que al tratarse de una emoción PRIMARIA e INEVITABLE, sólo supondremos cómo nos afectaría pero no lo sabremos hasta llegado el momento , que "don miedo" nos visite.

5.1. EL MIEDO ES BUENO

El miedo nace de un instinto elemental de supervivencia. El miedo es la parte emocional de tí, que decide si afrontar una situación desconocida o por el contrario la elude. Dentro de ese afán, por sobrevivir, el miedo hará que tomes la acción correcta, y permanezcas ileso y/o con vida.

Si tu cerebro da la orden de abordar esa situación desconocida y a menudo violenta, lo hará con garantías, puesto que antes de aventurarse a enviarte a "luchar", ha analizado todos los factores implicados incluyendo tus capacidades y después de miles de cálculos, probabilidades, tu cerebro ha determinado que estás preparado para afrontar ese conflicto. LUZ VERDE DEL CEREBRO afrontas el problema.

Por el contrario, después de que nuestro cerebro revise tus facultades, analice la amenaza, trace planes de actuación y crea que no contamos con garantías de afrontar el conflicto, para proteger nuestra integridad, no nos dejará actuar, dejándonos como única posibilidad la de retirarnos, escapar. LUZ ROJA DEL CEREBRO, retirada

5.2. PRACTICAR CON SENSACIÓN DE MIEDO

Podemos ser muy buenos juristas, puesto que basta con estudiar, podemos ser unos buenos Artistas Marciales, puesto que basta con adiestrarse, podremos ser buenos tiradores puesto que sólo tenemos que practicar. ¿Se puede ser un buen gestor del miedo?, por desgracia NO. Hemos dicho que el miedo es un sentimiento, y esos van por libre. Tú puedes recrear una situación de pena, cambiar tus rasgos, incluso llorar, pero...¿puedes sentirte triste si no estás triste?. Pues con el miedo pasa lo mismo.

Se puede intentar ser bueno gestionando el miedo, creándonos "miedos artificiales" en nuestros entrenamientos para familiarizarnos al menos con la sensación física que el miedo supone.

Cuando tienes miedo, hay una serie de reacciones, mentales por un lado y físico-químicas por otro, que se desencadenan cuando el cerebro pulsa el botón del pánico. A la hora de entender el miedo e intentar practicar con la sensaciones que el trabajo en estrés nos provoca, nos es fácil recrear los "síntomas" físicos que provoca el miedo, pero no los sentimentales. No puedes SENTIR miedo si no tienes miedo.

Para que nos entendamos. Imagina que estás en una galería de tiro, y te van a someter a un ejercicio en el que se recreará una situación de estrés. Te pondrán a correr, a hacer flexiones, saltar, y con ello se recrearán los síntomas físicos del miedo, (aumento del ritmo cardíaco, sudoración, insuficiencia respiratoria...), estando en este estado continuarán bombardeándote con preguntas y te exigirán respuestas correctas, con ello conseguirán confusión mental, lentitud en los razonamientos, pérdida de claridad a la hora de tomar decisiones. A estas alturas del ejercicio tendrás todos los indicios físicos y mentales de alguien que tiene miedo, pero...¿tienes miedo?, agobio tal vez pero el miedo no aparece ¿por qué?, porque tu vida no está en peligro; incluso cuando el director del ejercicio comience a realizar fuego real cerca de tus zapatos, tanto tú como él sabéis que nadie va a morir, por lo tanto el cerebro no pulsará el botón del pánico y con ello el miedo real, el del instinto de supervivencia no aparece, por lo tanto SÓLO podrás suponer cómo reaccionarías pero no podrás confirmarlo. Por supuesto es mucho mas efectivo este tipo de entrenamientos que los habituales a los que nos tienen acostumbrados.

5.3. ¿QUÉ NOS PASA EN EL CUERPO CUÁNDO SENTIMOS MIEDO?

Miedo sentimos todos, la diferencia radica en la intensidad y la tolerancia a soportarlo de cada uno Pero cuando aparece ese sentimiento, nuestro cuerpo experimenta unos cambios. Conociendo estos cambios, estaremos en la disposición de "escuchar" que nos dice el miedo y comenzar a gestionarlos para que nuestra actuación en situación de estrés, sea lo mas correcta y resolutiva posible.

Cuando el cerebro sea consciente del peligro, y toca el botón del pánico, el cuerpo experimente de un modo automático, una serie de cambios que aportan capacidades para afrontar (pelear), o eludir (huir).

De un modo muy claro y a grandes rasgos, éstos son las circunstancias que nuestro cuerpo experimenta:

¡ALERTA¡

- Se estimulan partes del cerebro (hipotálamo e hipófisis), con ello se consigue una inyección instantánea de -cortisol-, aumentando la presión arterial y llenando el torrente sanguíneo de glucosa aportando capacidad de resistencia.

- Las glándulas suprarrenales, aportan dosis extra de hormonas (adrenalina y noradrenalina), aumentando el ritmo cardíaco y con ello que fluya mas sangre. ¿Sobre todo hacia dónde?, hacia las extremidades, recuerda, vas a necesitar escapar o pelear, necesitarás piernas para lo primero y brazos y piernas para lo segundo.

- No debes perder detalle, el nuevo aporte de sangre llega a tus pupilas, éstas se dilatan.

- Se crea en algunos vasos sanguíneos de órganos que no son esenciales para nuestros propósitos (luchar o escapar), la "vasoconstricción", ésto conlleva, que el aporte sanguíneo sea menor y su funcionamiento irregular. Ésto se traduce con unos síntomas "incómodos", como suelen ser el ardor de estómago, pérdida de control en los esfínteres. ¿quién en estas situaciones, no ha sentido ganas de orinar, o no ha tenido un nudo en el estómago?.

- La vasodilatación de los vasos sanguíneos en los órganos esenciales para la supervivencia (extremidades), generan que el flujo de sangre sea mayor, por consiguiente el corazón ha de bombear mas sangre para cubrir la nueva demanda.

- El primer cambio visible, aumento del ritmo cardíaco, (el corazón se quiere salir del pecho) y la hiperventilación (intentas buscar aire para tus pulmones en dónde no lo hay). Éstos dos aspectos son los más interesantes a la hora de prestarles atención, puesto que si consigues estabilizar estos órganos, a unos parámetros de normalidad, es posible que te hagas con la situación.

NOTA:- Todo ésto sucede entre 1 y 4 segundos, a partir de ahora tus pulsaciones, continuarán subiendo, y a no ser que la situación hostil cese, te hagas con el control de la situación o estabilices tus constantes vitales, alcanzarás unos picos tan elevados de pulsaciones, que te harán sentir de todo menos que tienes el control (entrada en pánico, inmovilización corporal, desmayo, síncope, pérdida de memoria).

- 115-145 Pulsaciones por minuto: momento óptimo de combate (o huida), intenta mantenerte en este umbral, el nivel de destreza está intacto, la visión aún no se ha resentido (aún no ha venido a visitarnos el "efecto túnel", y lo que es mas importante aun tienes sangre oxigenada en el cerebro que te permitirá discernir con claridad.

- 145-175 Pulsaciones por minuto: Se comienzan a perder habilidades, la capacidad motora se resiente, estás torpe, tu cerebro ya no está tan lucido, estás tan tenso que los músculos faciales se contraen y cierran el tímpano, estás empezando a dejar de oír.

- Más de 175 Tu cerebro ha cerrado por vacaciones, no existe la capacidad de decidir, también ha venido a visitarte el "efecto túnel", no hay suficiente sangre, el ojo se queda fijo y el cristalino no enfoca, ésto unido a la rigidez facial de antes hacen que únicamente veas lo que tienes delante, sólo queda encomendarte a la llamada "habilidad motora gruesa" te permitirá realizar movimientos básicos como el correr, si es que no te has bloqueado y permaneces inmóvil delante de tu oponente sin ofrecer ningún tipo de resistencia, !Bienvenido al estado de PÁNICO¡

Hemos tratado de explicaros las reacciones físicas que el miedo causa en cada uno de nosotros, y condicionan nuestras intervenciones. La gestión del miedo en una situación de estrés no es otra cosa, que la de intentar darte cuenta de lo que te está sucediendo e intentar ponerle remedio.

Lo hemos comentado al principio del capítulo, si pudiésemos trabajar en situación real de miedo, tendríamos la capacidad de "estudiar" sus efectos en nosotros mismos y controlarlo, pero como a lo máximo que podemos llegar es a un miedo inducido, el factor "instinto de supervivencia" no salta.

!TENGO MIEDO¡ ¿QUÉ HAGO?

Lo primero, lo que has hecho, reconocerlo. A partir del momento, en que tú seas consciente de que lo que te está sucediendo puede parecerse al miedo, podemos intentar arreglarlo.

Hagas lo que hagas, evites, o afrontes el problema, dedícale unos instantes a la respiración, antes de hacer nada ,TOMA AIRE, realiza tres o cuatro respiraciones completas, de este modo oxigenarás toda la sangre. Recuerda que en unos instantes estarás subidísimo de pulsaciones por minuto, tu diafragma no funcionara de un modo correcto y no permitirá que en tus pulmones entre todo el aire que necesitas. Vuelve a tomar aire, tu cerebro funciona con sangre, pero cuando es brillante y resolutivo, es cuando trabaja con sangre recién oxigenada, ¿a caso no recordáis de la EGB, lo de "sangre pobre y sangre rica"?, pues eso, trabaja con "sangre rica" no permitas que tu cerebro tome decisiones con sangre intoxicada. Algo tan simple como respirar correctamente puede ser la diferencia entre el éxito o el fracaso.

¿Y qué hacemos con el cerebro?, si tu cerebro es optimista y tu aliado, reforzará tu actuación con pensamientos cómo: !qué bueno eres¡, ! esta situación la puedes controlar¡, !estás física y mentalmente preparado¡ !adelante podemos con éso y con más¡.

¿Qué conseguirás con ésto?, que de una manera inconsciente estés más tranquilo y por consiguiente tu cerebro no verá en esa situación riesgo ni peligro, y no pulsará el botón del pánico, así podrás trabajar en un modo "normal", en una situación que podría haberse tornado conflictiva.

Si por el contrario, tu cerebro es pesimista y negativo, te bombardeará con pensamientos nefastos como ¡mi madre la que me espera!, ¡este problema es demasiado grande para mí! o ¡me van a dar puñetazos hasta en el cielo de la boca!, conseguirás un efecto negativo llegando a posicionarte en situación de estrés y tener miedos infundados.

RESPIRA + RESPIRA + POSITIVISMO + OPTIMISMO + ACTITUD = ÉXITO Y CONTROL

CONCLUSIONES

Para ser un buen profesional, no es necesario dominar completamente la materia relacionada, con la encomienda de nuestras funciones, creemos que sabiendo ubicar dónde encontrar la información para apoyarse, es crucial para responder en una situación dada.

Necesaria es la confianza en sí mismo, así la formación continua es la base de la actualización de conocimientos. Sin la debida formación, va a ser difícil ser un buen profesional. En el trabajo de la Seguridad Privada; profesionalidad, trabajo, confianza y formación, entre otros, son los elementos clave que se exteriorizan en los servicios encomendados. La unión de estos elementos, son cruciales para que se reconozca el respeto en nuestro ámbito laboral, que tan cuestionado es por la sociedad constantemente. El respeto y la autoridad, el uno de la otra son necesarios para dar un servicio de máxima calidad, van en el interior de la persona.

Queremos que el Vigilante de Seguridad sea consciente de su función de denunciar infracciones administrativas, también resaltamos, que así se aplica la facultad punitiva del Estado, con la mínima intervención, al objeto de ser lo menos lesivo posible para el infractor. A veces se denuncian delitos, que con las infracciones administrativas, quedarían resueltas las intervenciones más comunes, sin necesidad de iniciar trámites judiciales. Evidentemente; el gasto, molestias, audiencias, representantes legales (abogados...), ausencias laborales, etc, vendrían reducidos considerablemente con la aplicación de la denuncia administrativa.

Incidimos que los grandes especialistas en las materias a denunciar que desarrolla este volumen, son las Fuerzas y Cuerpos de Seguridad, por tanto lo recomendable sería que este tipo de formación sea impartida por sus integrantes.

El Vigilante de Seguridad, cuando inicie el trámite administrativo, va a tener una seguridad jurídica por parte de la Administración, no como parte, sino como testigo. La confidencialidad de los datos aportados junto con una garantía en la tramitación de los escritos, será lo que permita tener el apoyo preventivo en nuestro acto.

Nuestra denuncia, nunca debe utilizarse de modo arbitrario, sino que siempre ha de ser consecuente con los hechos. Ha de ser proporcionada, coherente y clara con respecto a la normativa. Entendemos que su aplicación, va a tener efectos disuasorios en un futuro cercano, es decir, cuando la autoridad sancionadora ejecute las resoluciones de los hechos que hemos puesto en su conocimiento.

Este manual de bolsillo, es el ideal para portar consigo cuando estemos de servicio, cómodo, práctico y con ejemplos de denuncias para que puedan servir como modelos a los escritos presentados. Para nosotros ha sido un placer poner nuestro granito de arena a está gran función, que la Ley pone en manos del Vigilante de Seguridad y que esperamos sea utilizada como herramienta y no como arma.

Por fin has finalizado este manual, !ENHORABUENA¡. ¿qué te ha parecido?.

Lo que acabas de terminar de leer, no es un manual al uso, no ha nacido con la finalidad de vender libros como rosquillas y hacernos millonarios, no es nuestra intención (y aunque lo fuera dudo que lo consiguiéramos). Como comentamos en el prólogo, nace de una conversación entre dos amigos y profesionales tanto de la seguridad publica como de la privada, que coinciden en el gran vacío de sapiencia que existe en algunos ámbitos de la Seguridad Privada, y como no somos de hablar de fallos, sino de intentar subsanarlos, nos pusimos manos a la obra para aportar nuestro granito de arena.

Todo el contenido de este manual, esta basado en la legislación vigente española y en experiencias vividas. Por avatares de nuestros puestos de trabajo, hemos hecho "garitas", hemos denunciado, hemos detenido, hemos actuado en intervenciones con buen final y con malo también, hemos sentido miedo, hemos tenido que recurrir a la fuerza en ocasiones y la han empleado contra nosotros. Todo esto permite, que este manual tenga "alma" y es eso precisamente lo que tratamos de transmitir. El sector de la Seguridad Privada, es un sector que nos guste o no, en ocasiones ha sido vilipendiado y criticado, ya sea de manera gratuita o ya sea de un modo justificado. Intentemos entre todos poner freno a eso, ¿para ello qué necesitamos?. Que todas nuestras intervenciones sean correctas, legales y no arbitrarias.

Empieza a creértelo, eres buen PROFESIONAL, siente tu trabajo, ayuda a la gente, prevén la comisión de ilícitos penales con tu presencia, y si tienes que actuar, actúa con decisión y autoridad, pero recuerda no salirte del marco legal.

Sé humilde, respetuoso, correcto, atento, recuerda: alguien ha confiado en tí, para que lo protejas a él y a sus interés, ¡no le falles!

Agradecerte el interés prestado al adquirir este manual, sólo deseamos que sirva para que crezcas como PROFESIONAL.

En las primeras páginas de este ejemplar encontraras un número de teléfono y una dirección de correo electrónico, no dudes en contactar con nosotros si crees que te podemos ayudar, o para resolverte cualquier duda que te pueda surgir referente a este manual y el modo de intervenir.

JAP & FRL

REFERENCIAS

Bibliografía:

http://www.guardiacivil.es/es/servicios/denuncias/index.html

https://www.boe.es/buscar/doc.php?id=BOE-A-1986-6859

https://www.boe.es/buscar/act.php?id=BOE-A-2014-3649

http://guiasjuridicas.wolterskluwer.es/Content/Documento.aspx?params=H4sIAAAAAAAEAMtMSbF1jTAAAUMjY2MTtbLUouLM_DxbIwMDCwNzAwuQQGZapUt-ckhlQaptWmJOcSoAccZnqTUAAAA=WKE

https://www.boe.es/buscar/act.php?id=BOE-A-2015-11722

https://www.mundojuridico.info/denuncia-falsa/

http://www.diazvelasco.com/articulos/trafico-de-drogas-articulos-368-y-369-del-codigo-penal/

La reacción del policía ante el peligro y los enfrentamientos armados, INFORME 1/11 EL AGENTE DE POLICÍA: REACCIÓN ANTE EL PELIGRO. Daniel García Alonso.

Imágenes de difusión libre en portada, contraportada e interior:

https://pixabay.com/es/photos/?order=popular&cat=

http://www.kaosklub.com/wp-content/uploads/2008/12/emoticonos.-gif

https://www.freepik.com/index.php?goto=2&searchform=1&k=police&type=&is_selection=&is_premium=&color=&order=

www.ingramcontent.com/pod-product-compliance
Lightning Source LLC
Chambersburg PA
CBHW061150180526
45170CB00002B/718

* 9 780244 352998 *